满城汉墓

卢兆荫 ——— 著

浙江文艺出版社

图书在版编目(CIP)数据

满城汉墓 / 卢兆荫著 . —杭州:浙江文艺出版社，2023.5

ISBN 978-7-5339-7177-9

Ⅰ.①满… Ⅱ.①卢… Ⅲ.①满城汉墓 - 考古发掘 - 通俗读物 Ⅳ.①K878.84-49

中国国家版本馆CIP数据核字(2023)第037350号

统　　筹	王晓乐	装帧设计	胡　川
特约编辑	俞玲芝	责任校对	陈　玲
责任编辑	詹雯婷	责任印制	张丽敏
美术编辑	沈路纲	数字编辑	姜梦冉　诸婧琦
营销编辑	张恩惠		

满城汉墓

卢兆荫　著

出　　版	浙江文艺出版社
地　　址	杭州市体育场路347号
邮　　编	310006
电　　话	0571-85176953(总编办)
	0571-85152727(市场部)
制　　版	浙江新华图文制作有限公司
印　　刷	浙江新华数码印务有限公司
开　　本	880毫米×1230毫米　1/32
字　　数	152千字
印　　张	7.125
插　　页	4
版　　次	2023年5月第1版
印　　次	2023年5月第1次印刷
书　　号	ISBN 978-7-5339-7177-9
定　　价	78.00元

浙江文艺出版社编辑出版拙作《发现满城汉墓》一书，第1版于2011年7月出版发行，至今已逾十年。近日出版社提出再版此书的计划，我表示赞同。

十年来，随着考古事业的持续发展，我国出土了许多新的考古资料，包括一些汉代诸侯王墓葬的新资料，这些资料与满城汉墓资料类似，可供比较研究，因而本书再版时，在内容方面作了一些必要的修改和补充。

满城汉墓是新中国较为重要的考古发现，被评为"百年百大考古发现"之一；但《满城汉墓发掘报告》（上、下册）一书早已脱销，本书的再版发行，或有助于读者通过满城汉墓出土的资料，了解我国两千多年前高度发展的物质文化和高超的工艺技术水平。

满城汉墓未经盗扰，保存完好，出土文物的种类和数量都很多，为了使这批珍贵文物能尽快展出，与观众见面，我们在《满城汉墓发掘报告》（上、下册）出版后，就将全部文物移交给河北省博物馆（现河北博物院）。据有关报道，满城汉墓文物陆续在世界五大洲数十个国家展出，在国内也进行了多次巡展；1987年，河北省博物馆推出了满城汉墓的常设陈列，并于1997年获得"全国十大陈列精品"奖；2013年，河北博物院"大汉绝唱——满城汉墓"陈列正式对外开放，在社会上引起较大反响；2018年，中国国家博物馆与河北博物院联合举办了"汉世雄风——纪念满城汉墓考古发掘五十周年特展"。满城汉墓出土文物在国内外的公开展出，有助于加强中外文化交流，加深民众对中华历史文化的认识，增强文化自信，这也是本书再版的初衷。

2022年2月

　　河北满城西汉中山王刘胜夫妇墓的发掘工作，是周恩来总理亲自批示，在中国科学院郭沫若院长组织、领导下进行的。发掘过程中，得到人民解放军的大力支持和协助。中央新闻纪录电影制片厂和北京电视台曾到现场拍摄了彩色资料片和电视片。

　　满城汉墓是我国重要的考古发现之一。两座墓都未经盗掘，出土的随葬器物不仅数量很多，而且有不少是具有很高的工艺技术水平和科学研究价值的珍贵文物。这些文物是研究我国西汉时期的手工业和工艺美术发展情况的重要实物资料，同时对研究汉代物质文化和汉代历史也具有重要的意义。墓中出土的不少文物曾多次出国展出，对弘扬中国优秀的古代文明起到了积极的促进作用。1988年，国务院公布满城汉墓为全国重点文物保护单位。1991年，这两座汉墓正式对外开放。

考古发掘是集体的工作，只有依靠集体的力量才能完成。满城汉墓的发掘也是如此，不是任何个人所能完成的，而是考古队全体人员共同努力取得的成果。参加发掘的人员，除中国社会科学院考古研究所的同志外，还有河北省文物工作队的同志。此外，始终配合发掘的人民解放军4749部队的战士们，工作积极、认真，对发掘任务的顺利完成也起到了十分重要的作用。

目录

1 陵山之谜

在河北省满城县（现保定市满城区）县城西南约 1.5 公里处，有座名为陵山的小山。那是一座孤零零的石灰岩小山，西面和北面是星罗棋布的大小山丘，西面与抱阳山相邻，北面隔着一些村落与玉山、大楼山相望，东面和南面则是一望无际的大平原。

1968 年 5 月 22 日，中国人民解放军某部在陵山上施工，在靠近山顶的地方，他们在炸开的坑道下面发现了一个洞。战士们好奇地从洞口爬下去，发现下面是一个很大的洞穴，里面有很多盆盆罐罐的东西和泥人等，显然是一座考究的墓葬。他们向部队领导报告后，工程就停了下来。随即，部队领导向省里作了汇报。

省里接到部队报告后，马上派了两位考古工作者到现场进行保护和勘察。原来解放军战士炸开的这条坑道，恰好挖在墓葬南耳室南端 1 米左右的上方，假如当时战士们把坑道的位置往南移 1 米多，那真不知满城汉墓何年何月才能被发现。

据初步勘察，此墓规模很大，有很多东西，多已暴露，有些铜器上刻有"中山内府"字样的铭文，还有一些鎏金的器物，可以肯定是一座未被盗掘过的汉墓。

5 月 27 日，省里向中央写了简报，希望中央立即派专家到现场进行发掘和清理，并确定此墓有无长期保护的必要。

6 月 6 日，河北省派张天夫同志到北京向中央办公厅作了汇报。

○ 满城陵山全景

6月18日晚，周总理在人民大会堂宴会厅举行欢迎坦桑尼亚总统尼雷尔的盛大宴会，在二楼休息厅休息时，周总理与郭沫若谈了满城发现汉墓的事，要郭老负责办理此事，并尽快提出处理意见。

6月19日，郭老叫秘书王廷芳一早就来到考古所了解情况。经研究决定，由孙秉根和我去见郭老。

上午十时，我们到了郭老家。郭老在宽敞的会客厅和我们见面，王廷芳也在座。郭老平易近人，和蔼可亲，先向我们介绍了他所了解的情况，同时也了解了考古所的一些情况。郭老建议考古所先派两三位同志尽快去现场实地了解一下古墓的情况，然后确定下一步方案，并希望在下午五点前将人员确定，同时附上姓名和简历，以便向总理汇报。

下午四点，我把首先确定的王仲殊、我、张子明三位同志的名

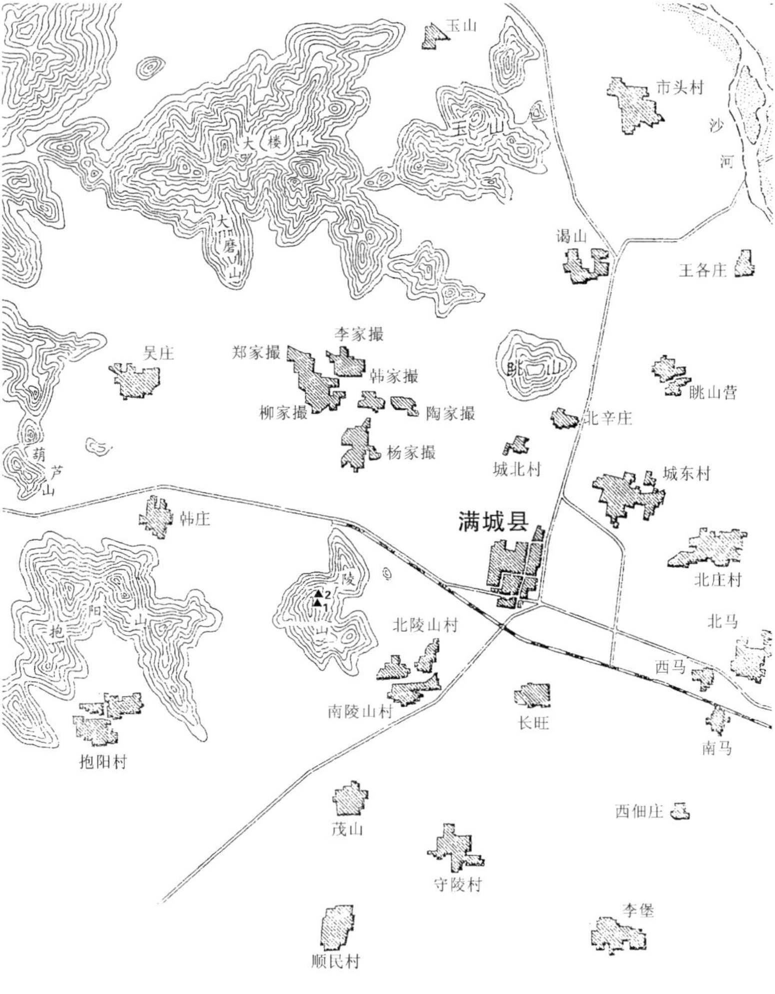

玉山

市头村

沙河

大楼山

玉山

渴山

王各庄

大磨山

吴庄

郑家撮

李家撮

韩家撮

眺山

眺山营

柳家撮

陶家撮

北辛庄

葫芦山

杨家撮

城北村

城东村

韩庄

满城县

陵山

北陵山村

北庄村

抱阳山

南陵山村

北马

西马

长旺

南马

抱阳村

茂山

西佃庄

守陵村

李堡

顺民村

○ 满城陵山附近地形图

单和简历送到郭老家。后据郭老的秘书王廷芳回忆，郭老接到这份名单后，立即写了一封信给周总理，谈了他的初步意见。信由王廷芳交给总理的司机，再由司机转给总理的秘书钱嘉栋，由钱嘉栋转呈周总理。

6月21日下午，我和张子明同志参加了在中国科学院召开的会议，同时参会的还有古脊椎动物与古人类研究所的两位同志、河北省来京汇报的张天夫以及郭老秘书王廷芳等。会上讨论决定，组成以考古研究所人员为主的考古发掘队，参加人员除了先前上报的三位同志外，再增加郭义孚、姜言忠、屈如忠、王振江，以及古脊椎动物与古人类研究所的李炎贤、戴尔俭。考古队由中国科学院胡寿永同志带队，河北省的张天夫同志陪同，预定于6月25日集中出发。

6月22日，周总理批复，同意郭老的意见，并附了一封总理给北京军区郑维山代司令员和陈先瑞副政委的亲笔信，要他们协助办理此事。

6月24日下午，王仲殊和我又去了郭老家，向他汇报我们的准备工作情况，以及一些发掘工作的设想。郭老对我们的意见表示赞同，并提醒我们注意后室可能会有壁画以及简牍一类的随葬品，要我们有所准备。

6月25日上午，我们从北京出发。为了保证工作的顺利和人员的安全，出发那天，北京军区特意派赵参谋陪同我们离开北京去保定。当天中午到达保定车站时，河北省军区、驻军首长及省革命委员会同志到车站迎接。下了火车，我们乘汽车去河北省军区，在那儿吃完午饭休息到下午五点，我们才出发去满城县。到了满城县，军区安排我们住在4749部队司令部。

当天晚上，我们就开会研究工作，准备第二天上陵山，开始发掘工作。

在离开北京之前，我们就听说了这个汉墓在满城的陵山上。那么，这座小山为什么叫"陵山"，古代只有帝王的坟墓称为"陵"，究竟山上有哪个帝王的坟墓，这是我首先感兴趣的问题。

从地理位置观察，河北平原的西侧是雄伟的太行山脉，峰峦起伏，险峻异常。在山脉的东麓散布着许多大大小小的山丘，形成一片丘陵地带。陵山就在这个丘陵地带的东部边缘，它的西北有著名的狼牙山。

陵山的周围分布着许多村落，在它的东南脚下有北陵山村和南陵山村。据当地群众说，这两村原为一个村，村名为陵山，后来因为人口增多而一分为二。另外，在陵山东南两公里左右有一个守陵村。为了弄清楚"守陵"的由来，我们特意到村中访问年纪较大的村民。他们说："我们的祖先是给人守坟的。"守的是什么人的坟呢？他们就毫无所知了。

为了进一步弄清楚陵山之奥秘，我们又查阅了有关文献。《满城县志略》卷四《建置 古迹·陵墓附》载："齐顺帝陵在县西三里陵山南阿，故老相传为齐顺王之陵。"《大清一统志》卷十三记载："南面数大冢相传为齐顺王陵。"然而我们通过考证，发现历史上汉代以前既没有"齐顺帝"，也没有"齐顺王"，而且满城自古以来就不属

○ 陵山上的附葬墓

于齐地。我们还注意到，在陵山的南坡及其与东南小山峰的毗连处，确有十八座小墓，墓上尚存石块垒成的坟丘，当地群众传说为"王子坟"，这些小墓很有可能是子孙或妾媵陪葬墓或附葬墓。那么，这些小墓究竟陪伴的是哪位帝王呢？

看来要彻底揭开这个谜，只有通过考古发掘工作。因此，发掘陵山上发现的这座古墓就显得格外重要了。

2 一号墓发掘

因为我们住在部队司令部，作息时间也同部队一样，早上五时起床，六时到七时学习毛主席著作，七时吃早饭。

　　到达满城的第二天，即1968年6月26日，吃过早饭后，我们就上陵山去考察墓地现场。

　　陵山坐落在满城县城西南约1.5公里处，出县城南门，就能看到这座孤零零的石灰岩小山。它由三座连在一起的山峰组成。居中的主峰最高，海拔235.8米，山顶较为平坦；东南和东北各连接一个小山峰。汉代贵族官僚的墓前往往起阙，这两个与主峰相连的小山峰左右对峙，可能象征墓前的双阙。整个山势主次分明，颇为雄伟。

○ 墓口南凿山修路的遗迹

山上岩石成层，泥土很薄，只生长一些野花和杂草，没有高大的树木。在山崖之间，偶然能看到成群低飞的石鸡和疾速跑过的野兔；这里除了附近的村民有时把羊群赶上山坡放牧外，平时很少有人上山。陵山的南坡山势较为低缓，东南山脚隐隐约约可以看到有一条上山的古道，可以直达墓前。这条古山道应该是汉代营建墓室和运送灵柩时人工修建的上山道路，有些路段凿山修路的痕迹还相当明显。尤其是墓前部分，路面最为平坦，除开山修的路外，还用墓洞中凿出的石片加宽路面，路面宽度已达6至14米。当地群众称这条山道为"跑马道"。陵山的东坡比较陡峻，没有像样的上山道路，但从东坡上山要比从南坡古道上山近得多。为了节省时间，我们从东

○ 一号墓墓口

○ 一号墓门外

○ 一号墓门外封门石块

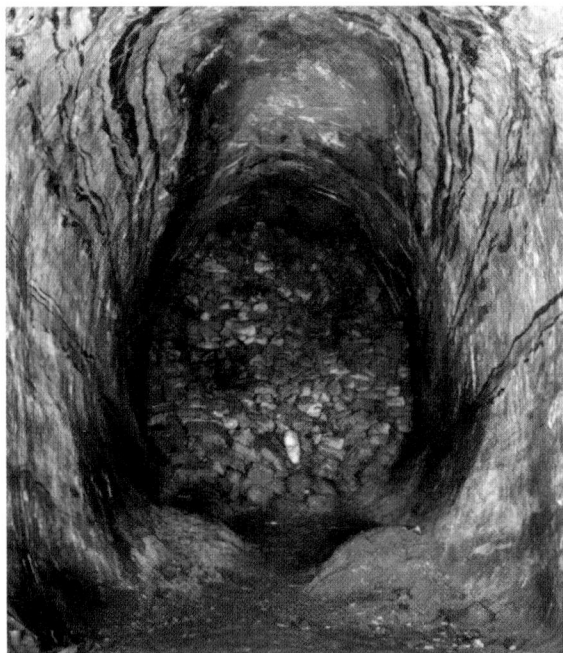

○ 一号墓墓道内口

坡上山去墓地现场。

从东坡上山后，很快就看到施工部队炸开的坑道。为了使文物不至于因气温和干湿度的变化而受到损坏，我们决定先不挖墓道，利用已经炸开的坑道进出。整个墓洞开凿在岩石中，墓洞距山顶仅30余米，高出山脚地面约150米。我们将这座墓编为满城一号墓。

我们看到的墓洞内不仅漆黑一团，而且十分阴冷潮湿，湿度已接近饱和，洞内与洞外相比，简直是两个世界。时值炎夏，我们上山时往往满身是汗，不能马上进入洞内，怕温差太大，身体适应不了，因此常常在洞口歇一歇，等汗水稍干后再进入墓洞，而在洞内工作时还得穿上部队的棉大衣。由于洞内很潮湿，所以包文物的麻纸一会儿就湿透了，甚至身上穿的军用棉大衣，过一两个小时也会变得湿漉漉的。所以我们在墓洞内每工作一个小时左右，就必须到洞外去晒晒太阳。即使如此，还是有个别同志健康出了问题。王仲殊在墓洞中工作了十多天后，关节炎病还是发作了，连走动也有困难，最后不得不由人搀扶下山，离开发掘队回北京治疗。他离队后，发掘队的业务工作由我负责。

1968年是"文革"开始后的第三个年头，许多地方的派性斗争已经发展为"武斗"。在我们离开北京来满城之前，就已听说保定地区的武斗很严重，是"文革"祸害的"重灾区"之一。但这毕竟是传闻，究竟严重到什么程度还不是十分清楚。到达保定后，河北省军区用军车将我们送到满城，我们才亲身感受到了紧张的气氛。

○ 考古队与参加发掘的解放军战士合影

　　对于考古队人员的安全问题，周总理一直十分关心，他精心安排了我们从北京到满城的行程，中央领导还通过有关渠道向满城的两派群众组织打招呼，保证了我们考古人员的安全。4749部队的领导和战士们对我们的关心和照顾也是无微不至，尽管我们时闻枪炮之声，但并没有不安全的感觉。

　　陵山当时是人民解放军进行一项军事工程的地点，老百姓是不能随便上山的。自从山上发现了汉墓之后，部队领导亲自上山布置检查汉墓的保护工作，并指示六连的指战员"站岗放哨，严加保护，防止坏人破坏盗窃"。考古一般都雇用当地民工，但在当地群众已卷入派性斗争的情况下，不可能再雇用当地民工了，只能由解放军战士帮我们发掘清理。所以六连的战士们既要承担工地的保卫任务，又要协助我们发掘。战士们都年轻力壮，工作效率很高，他们的密切配合，使得这次考古发掘工作进行得非常顺利。

这座汉墓正是六连的战士在上夜班时发现的，首先从人工坑道进入墓洞的也是该连的战士。我们早在发掘工作开始前，就请最先进入墓洞的吴家高等三位战士，介绍当时在墓洞内所看到的情况。他们介绍的情况大意如下：

最先我们在坑道的内端打开了一个洞，就往洞里扔石块，扔了不少，但仍然填不满，于是就把洞口砸大，砸成直径有一米多的大洞。这时感觉洞里有东西，我们几个就带着灯从洞口爬下去看。下去后看见南端有堆黑灰，地上铺一层瓦，瓦下有一层泥，有大骨头（按：马骨头）露在外面，小东西看不见。墓道内很干净，没有瓦片。甬道只有大瓦，小瓦片被水冲走了。北耳室和中室也都铺瓦。泥人（按：陶俑）都在中室两边立着。地面上的瓦，看样子是从上面塌下来的……

从战士们最初看到的情况判断，墓洞的甬道、南耳室、北耳室和中室，原来都是建有瓦顶的木结构房屋，各种随葬品放置屋内，后因木结构腐朽，房屋倒塌，屋瓦便覆盖在随葬品上。

当我们进入墓洞时，已经看不到覆盖在随葬品上的瓦片。因为先到达的河北省文物工作队的同志已对南耳室、北耳室、甬道和中室进行了初步清理，将覆盖在上面的瓦片、泥土等堆放在后室的回

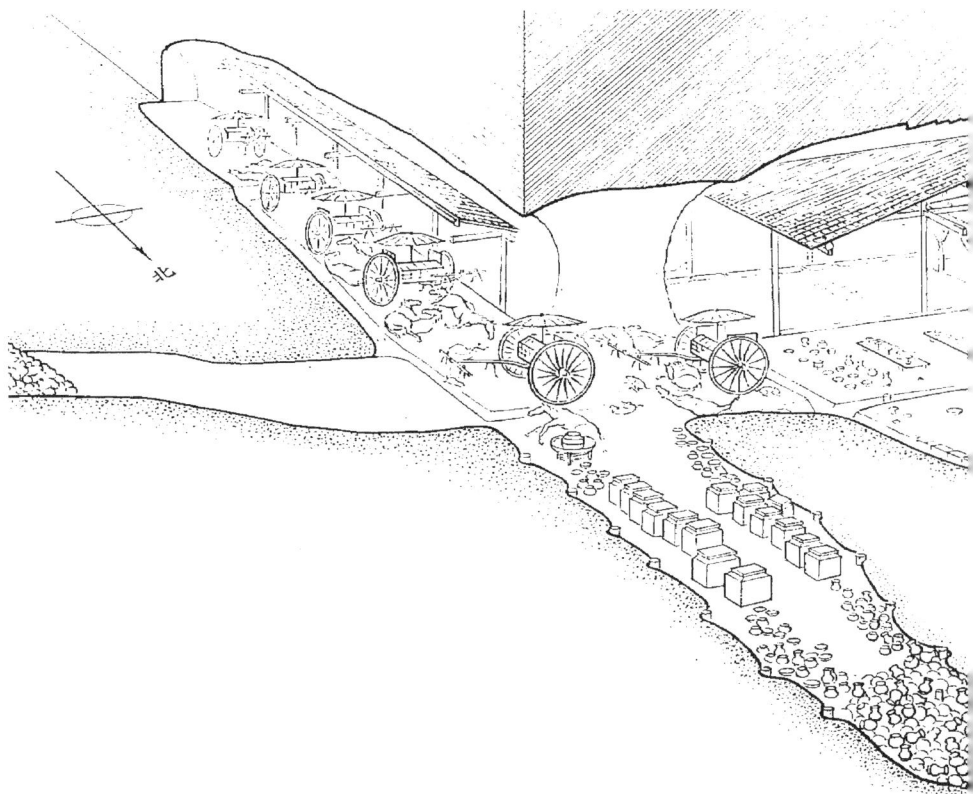

北

○ 一号墓复原示意图

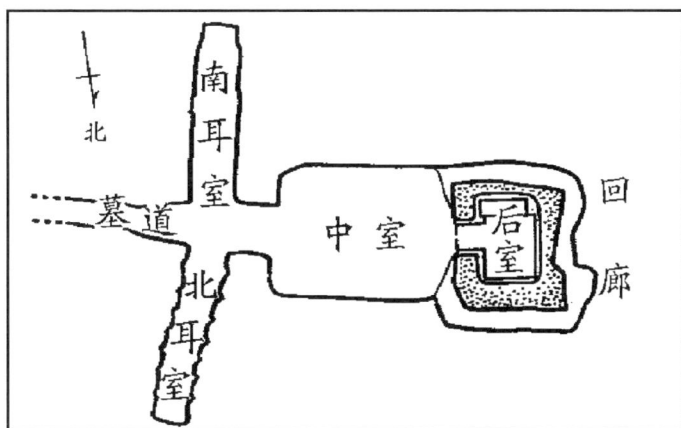

南耳室

北

墓道

北耳室

中室

后室

回廊

廊中。考虑到当时他们人员少，光线又差，工作不能做得很细，所以我们决定对回廊中的瓦片、泥土等堆积物，重新进行清理，并用筛子筛了泥土，果然在里面发现了铁箭镞、五铢铜钱、鎏金铜雁足和金、银医针等小件文物。为了更好地解决照明问题，我们请工程兵把电线拉上山，从而在发掘、清理、绘图和摄影时能使用一千瓦的灯管。

参加清理发掘工作的人员，前后有些变化。古脊椎动物与古人类研究所的李炎贤和戴尔俭两位同志，因此墓的发掘工作与其业务距离较远，于7月初离队。考古所决定增派杜在忠、杜玉生、蒋忠义三位同志支援。

○ 一号墓南耳室临时架设的从坑道内口进入墓室的木梯

考古队的人员增加后，我们分两组进行器物编号、绘图以及文字记录等工作。第一组负责甬道及南、北耳室，第二组负责中室及排水沟。出土的器物都要编号，由于各个墓室出土的随葬品都很多，所以采取分区编号的办法。甬道从1001起，南耳室从2001起，北耳室从3001起，中室从4001起，后室从5001起。7月12日之前，我们集中主要精力进行器物编号、绘图、照相及文字记录等工作。郭义孚负责测绘，姜言忠负责拍照。由于墓洞的中室较大，南、北耳室又较长，为了保证照片有良好的清晰度，姜言忠采用了逐步移动灯光，由远而近连续曝光的方法，使拍摄的照片远景和近景都很清楚。应该说，这是拍摄空间较大和较长的墓室的好办法。

为了暂时存放从墓里取出的文物，部队领导在司令部里为我们建了一栋面积很大的临时文物陈列室。在完成了器物编号、绘图、照相等清理工作后，我们将甬道、南耳室和中室内的器物先取出，存放在司令部的临时陈列室里，只有北耳室的陶器还暂时留在墓洞里。

从7月12日起，我们把主要精力转向清理后室。后室在中室之西，它们之间有一道石门。石门下面有顶门器，上面也有顶门的装置，一下不容易打开。在解放军同志的协助下，技术人员王振江、屈如忠很快打开了石门，整个后室即呈现在眼前。

一进门我们就注意到那个顶门器。顶门器是铜质的，放在门道东端、门限内侧地面的长方形小槽内。顶门器呈长方形，后端实铅加重，中部横贯一圆轴，轴的两端安插在槽内两侧，由于前轻后重

○ 一号墓北耳室

○ 一号墓中室全景

○ 一号墓后室石门

○ 一号墓南耳室

○ 一号墓后室门打开后

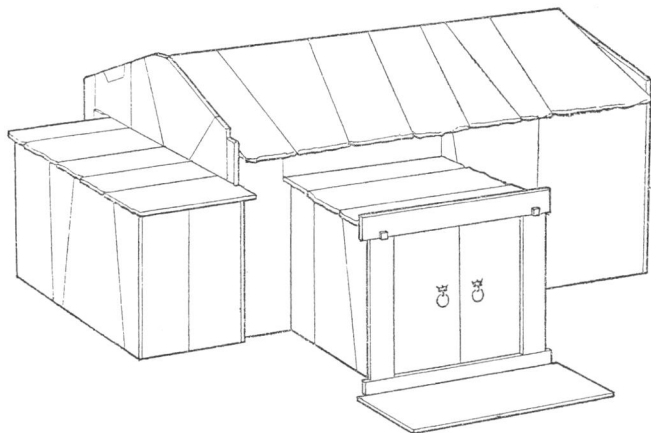

○ 一号墓后室石屋复原透视图

的关系，后端下垂，前端翘出地面。当门扉自内向外关合时，压下顶门器的前端而过，关合后，顶门器的前端又自然翘起，顶住双扉，自外向内不能推开，其设计相当科学。在门道顶部靠近门楣处，左右也各凿一长方形小槽，可能原来安有木榫之类的装置，以顶住两门扉的上部，但木榫已腐朽不存。这些都是防止盗墓者进入墓室的最后一道防护设施。

后室是在人工开凿的岩洞里用石板建成的石屋，由门道、主室和侧室组成。石门后为门道，门道南北侧各有一个大理石仆人，北侧的石仆人是看守门户的男性，他作跪坐状，头戴巾帻，双手合拱置于膝上，神态谨严。他的旁边有一件铜弩机。南侧是女侍，也作跪坐状，发式为头顶分发，向脑后梳成圆髻，髻旁有一发绳垂于背上，嘴唇涂朱，身着右衽衣，神情谦恭，身旁放着许多漆盘和漆耳杯。门道之西是主室，主室的南面是侧室。后室即是放置棺椁及贵重随葬品的地方，也可称之为椁室。

我们对后室门道进行必要的记录后，接着就开始清理主室。我们测绘了主室顶部石板的结构，并拍摄了石板倒塌的现状，清除了堆积的草木灰，搬走从室顶塌下来的大石板。接着我们就看到了大量精美的随葬品：有装饰华丽的铜酒器，有各种铜、铁兵器，有工艺水平很高的漆器，还有珍贵的玉器和料器，以及大量的五铢钱和四十枚金饼，等等。

最后，我们清理棺床上的棺椁等遗存。为了防止棺床上面的顶部石板突然塌下，我们事先安装好预防倒塌的木架子。

Ⅰ.门扉关闭之前

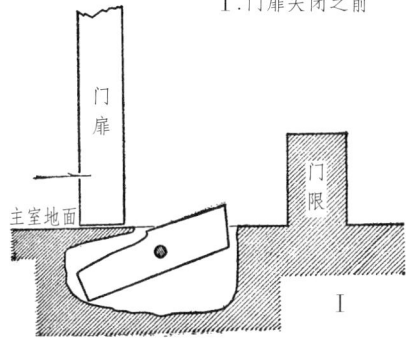

门扉

主室地面

门限

Ⅰ

Ⅱ.门扉关闭过程中
　将顶门器压下

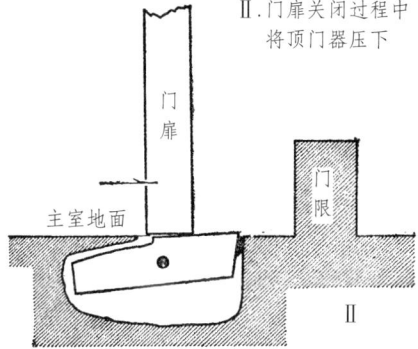

门扉

主室地面

门限

Ⅱ

Ⅲ.关好后顶门器
　自动翘起

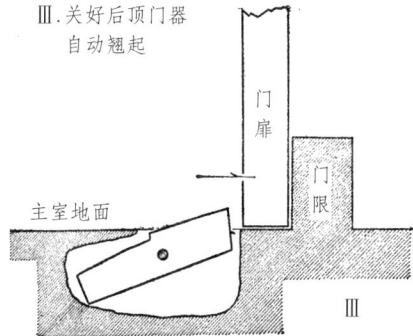

门扉

主室地面

门限

Ⅲ

○ 顶门器示意图

○ 一号墓出土的石女俑（正面）　　○ 一号墓出土的石女俑（背面）

　　棺床位于主室的北部，由四块汉白玉石板铺成。由于室内十分潮湿，又受草木灰所含碱性的侵蚀，棺床汉白玉石板部分表面已酥碎，呈粉状。

　　棺椁置于棺床上。棺椁已全朽，只剩下漆皮、朽木灰以及一些金属附饰。从残存的漆皮观察，棺椁经过多次髹漆，每次都是麻布加漆，有四五层之多。在棺椁堆积下发现了一层白灰，应该是为了防潮而铺设的。究竟有几重棺椁，我们无法确定。但从保存下来的

○ 一号墓出土的石男俑

棺环和衔环铺首等附饰以及棺椁底部的痕迹考察，应是一棺一椁。

棺上原来装饰有二十件铜质鎏金的棺环和一对鎏金银的铜质衔环铺首。椁上装饰有十件鎏金的铜质衔环铺首和一件透雕龙凤纹的银质衔环铺首。在棺椁遗存的堆积下，还发现属于矮轮载枢车的铜轮和铁架铜滑轮等金属构件。

清理棺椁堆积是件很细致的工作，主要由王振江、蒋忠义、屈

○ 解放军战士抬出一号墓后室室顶塌下来的石板

○ 一号墓主室室顶结构

如忠等负责进行。他们使用小铁刀、竹签和长毛刷等工具，采取由上而下、层层拨开的办法。当他们于1968年7月20日清除了漆皮和朽木灰堆积后，竟然发现了金缕玉衣。这是考古工作中首次发现的保存完整的玉衣，也是我第一次看到汉代玉衣的真面目，当时兴奋的心情，真是很难用语言表达出来。

当天下午五时左右，我给郭沫若院长的秘书王廷芳打了长途电话，请他向郭老汇报墓内出土金缕玉衣及其他重要文物的情况，并希望郭老能来现场参观指导。

不久，王廷芳就回电，说郭老听后非常兴奋，并决定于7月22日来满城汉墓现场。我们大家都很高兴，也很感动。因为郭老已七

○ 清理一号墓的棺椁（左二为作者）

十六岁高龄，他能不辞辛苦前来，是对我们工作极大的鼓励。

郭老一行22日上午十时就到了满城。那天是个雨天，但由于我们前一天就请解放军同志修整了上山的道路，所以一路有惊无险，上午十一时郭老就到了墓前。

由于墓道和墓门没有挖开，郭老也是从南耳室南端的洞口进入墓内。当时墓内大部分出土器物已运到山下临时布置的陈列室内，只有后室的随葬品尚未起取，还保留着出土时的状况。郭老重点观察后室出土的重要文物，特别是棺床上的金缕玉衣和棺床前的精美青铜器。郭老兴致勃勃，看到室内琳琅满目、丰富多彩的随葬器物，赞叹不已，对一些工艺水平很高的珍贵文物更是观察入微，倍加赞赏。参观后室后，郭老对墓内的排水系统进行了详细的观察。

郭老在墓中细看了一个多小时才出来。我陪着他顺着墓前的古山道往北走，在距离墓洞100多米处，我向郭老介绍说，此处的石灰岩岩层也经人工挖掘过，山道下边的山坡上还残留一些人工凿出的石片，这些情况与已发现墓洞的山面很相似，可能还有一座墓存在。郭老仔细观看了周围的情况后，认为我的看法有道理。接着我又陪他往南走了一段路，当看到东南山坡上的一排小坟堆时，他说这些可能是陪葬墓，并希望我们考察一下周围的情况，是否还有一些当时建筑的遗迹。郭老从陵山上下来时，已经是午后一点多钟了。

当天下午，郭老接见考古队全体同志，并同大家座谈。座谈会结束后，我们请郭老到临时陈列室参观出土文物。他一件一件地看，看得十分认真、仔细，还同我们交换看法，直至下午五时多，郭老

○ 郭沫若院长(前右三)参观一号墓棺床上的金缕玉衣及出土器物(前右二为作者)

○ 郭沫若院长(前左一)参观一号墓主室出土的青铜器(前左二为作者)

○ 一号墓棺床上金缕玉衣及出土器物

○ 一号墓金缕玉衣头部出土时的情况

一行才离开满城回北京。

一号墓的考古发掘工作于7月底全部结束。7月30日上午，照相工作全部完成，绘图工作也已基本结束。出土文物全部包装完毕后，于中午将墓内所有文物及有关资料、工具等全部搬运下山。按照周总理的批示，所有出土文物计划在8月初运回北京，由考古所负责整理、保管。30日下午，应河北省军区的邀请，考古队全体人员去保定参加庆祝"八一"建军节活动，当晚住在保定。

7月31日下午，郭义孚、蒋忠义等同志再上陵山，最后完成了一号墓的绘图工作。

8月1日，考古队当天的主要任务是接待部队同志参观。大家商量决定，当天上午我先回北京，联系、解决一号墓文物运回考古所后的存放地点等问题。8月2日，进行文物装箱及装车工作。文物运送由4749部队负责。全部文物共装满部队的五辆大卡车。8月3日清晨，运送文物的车队从满城出发。为了保证文物的安全，我们嘱咐开车的解放军同志车开得慢一些，尽量减少震动，避免文物在运送过程中受损。当天中午文物安全运到考古所。接着就是繁重的室内整理任务，包括修整、照相、绘图及拓印等工作。

3 二号墓发掘

从考古资料考察，古代贵族阶层早在西周时期就流行夫妻并穴合葬，到春秋战国时期就更为普遍。一号墓墓主殓以金缕玉衣，应是西汉诸侯王级贵族。而西汉承袭先秦葬制，王和王后也是并穴合葬，即所谓"同坟异藏"。因此，循此葬制，我们在一号墓发掘时就一直在寻找王后墓的可能位置。

前已述及，陵山是由三座连在一起的山峰组成，当中是主峰，东南和东北各有一座象征墓阙的小山峰。这两座小山峰我们都去勘察过，没有发现古代建筑的遗迹，只在南坡与东南小山峰的毗连处，发现十八个被当地人称为"王子坟"的小坟堆。但从这些坟堆的规模和位置判断，不可能是王后墓。

从陵山的地形考察，主峰的西面是峰峦起伏的太行山脉，东面是辽阔的河北平原，从南坡顺着山势蜿蜒而上的汉代古道直达主峰东坡的一号墓地，然后再继续向北延伸。根据夫妻并穴合葬的一般规律，两墓的墓向应该是一致的，因而主峰的东坡自然成为我们寻找王后墓的重点地区。根据《满城县志略》记载和当地群众反映，陵山上过去建有寺庙，是县里庙会的地点之一。而一号墓的上方，山顶上残留许多西汉时期的砖瓦碎块。瓦有板瓦和筒瓦，表面皆饰有绳纹，瓦当为卷云纹。从这些现象判断，此地之前应有汉代建筑，但早已毁坏。汉承秦制，重视墓祀。皇帝陵都建庙、寝、便殿，定

图 例

```
1 ┈┈┈┈┈┈┈┈┈ 一号墓
2 ┈┈┈┈┈┈┈┈┈ 二号墓
○○○ ○ ┈┈┈┈┈┈┈ 附葬墓
┈┈┈┈┈┈┈┈┈ 汉代修筑的山路
```

比 例 尺

```
0      100     200米
```

北

194.0

150

63.0
60

235.8

2

1

45.0

200

175.0

150

150

100

50

北陵山村

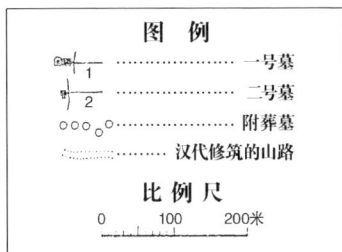

○ 陵山地形及墓葬坑位图

时祭祀，贵族官僚也往往在家茔附近修建供祭祀用的祠堂，诸侯王的祠堂可能称为"庙"或"祠庙"。根据板瓦和筒瓦的纹饰年代有早有晚判断，在绝祀之前，"祠庙"曾经多次修葺。

陵山是石灰岩的小山，山上的岩石呈现出一层层清晰的岩层。我们顺着墓前的古道从南到北仔细观察主峰东坡的山面，就在一号墓北面100多米处，也就是古道北端接近尽头的地方，发现那里山面的情况与一号墓上方的山面十分相似，自然的石灰岩岩层已被破坏，显然也是人工挖过的。下面的山坡上也散布着许多人工凿出来的石片。依据这些现象，我们判断这里应有另一座墓葬。郭沫若院长上陵山参观时，我也陪他到这里来看过。

在当时的形势下，要发掘另一座墓也需要依照发掘一号墓的程序才能顺利进行。据王廷芳同志回忆，郭老从满城回北京后，于7月28日写信给周总理，向他汇报了自己去满城汉墓现场的情况，并请示总理批准由发掘一号墓的原班人马继续发掘。周总理于8月4日在郭老原信上批示，大意是仍由北京军区领导与郭老洽办。8月6日，北京军区政治部赵夫考干事将周总理批示送给郭老。同时，郭老让王廷芳给我打电话，告诉我周总理指示的内容，并约我到郭老处谈谈。第二天我到郭老家中，同郭老交谈了一个多小时。

8月8日上午，工作组在中国科学院召开了一次会议，主要讨论下一步发掘的工作安排问题。我在会上介绍了前一段工作的情况。王廷芳传达了郭老写的十二条"备忘录"，内容包括对一号墓的看法，有关墓主人的设想，陵园及有关建筑、墓室的开凿方法，以及

○ 考古队员清理二号墓墓道封门

下一步发掘应注意的事项等，其中第十二条说："考古所的同志似乎可以多去几位，如估计工作时间过长，也可以考虑轮流换班，但总要有熟手参与。我希望卢兆荫同志能偏劳一下。"在这次会议上决定，考古所先派四位同志去发掘现场，挖探沟勘察，等找到墓门后，再去更多的人员进行正式发掘。

8月12日中午，考古所的杨锡璋、杜在忠、张连喜、刘振伟作为先遣队，在领队胡寿永和北京军区赵干事的陪同下从北京出发，下午到达保定，再由河北省军区派车将他们送往满城，仍住在4749部队司令部。第二天，他们会同河北省文物工作队的孙德海、郑绍宗一起上陵山，在我们原先调查时大致确定的地点进行勘探发掘。

在4749部队战士们的协助下，发掘工作进行得很顺利。在发掘

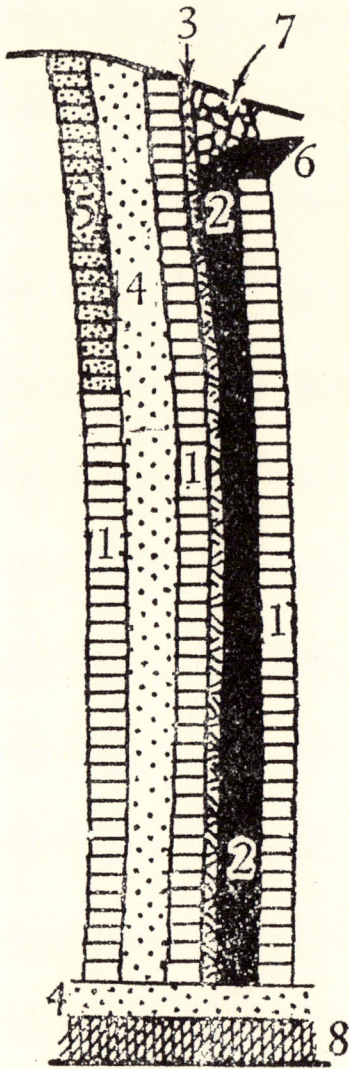

○ 二号墓墓道封门上部铸口及铁流

1.砖　2.铁壁　3.草泥土　4.黄土
5.砖坯　6.铁流　7.石块　8.灰碴

○ 二号墓封门结构图

开始后的第三天，就看到墓门上方人工凿出的崖面，基本上确定了墓穴的存在。接着清除墓门前的泥土和堆石。8月19日，看到了墓门的封门砖。

墓门找到了，先遣队给所里打电话，报告了已经找到墓门的好消息，并希望发掘队的大批人马尽快到达。考古所的同志非常高兴，大家很快商量、研究好参加发掘的人选，决定再增加九人，即王岩、段鹏琦、戴彤心、张子明、郭义孚、白荣金、姜言忠、屈如忠和我。我们一行和中科院的胡寿永于8月26日同时到达满城，加上河北省文物工作队的郑绍宗和孙德海两人，参加发掘工作的同志增至十五人。

二号墓营建在一号墓北边约120米处，墓门也是向东，与一号墓大致在同一高度上。墓门前是人工开凿的扇形地带，墓道封门外五米左右的地带填满黄土和小石块，墓建成后伪装成原来山坡的模样，一般是很难发现的。我们从黄土堆中发现了一些残损的铁铲、镢、锤、铸范及铸铁渣子。

因为我们怎么也打不开墓道的封门，最后只好请解放军同志用炸药把它炸开。我们从炸开的封门才知道，它的结构极为复杂。它主要由三道砖墙和一道铁墙构成。从里往外的第一道砖墙和第二道砖墙之间填满了黄土，第二道砖墙和第三道砖墙之间浇灌熔化的铁水，铸成一道厚达14厘米的铁墙。为了防止铁水从砖缝渗漏，在第二道砖墙的外壁还涂了一层5厘米厚的草泥土。这种砖墙和铁墙相结合的牢固封门，在汉墓中极为少见。

北

北
耳
室

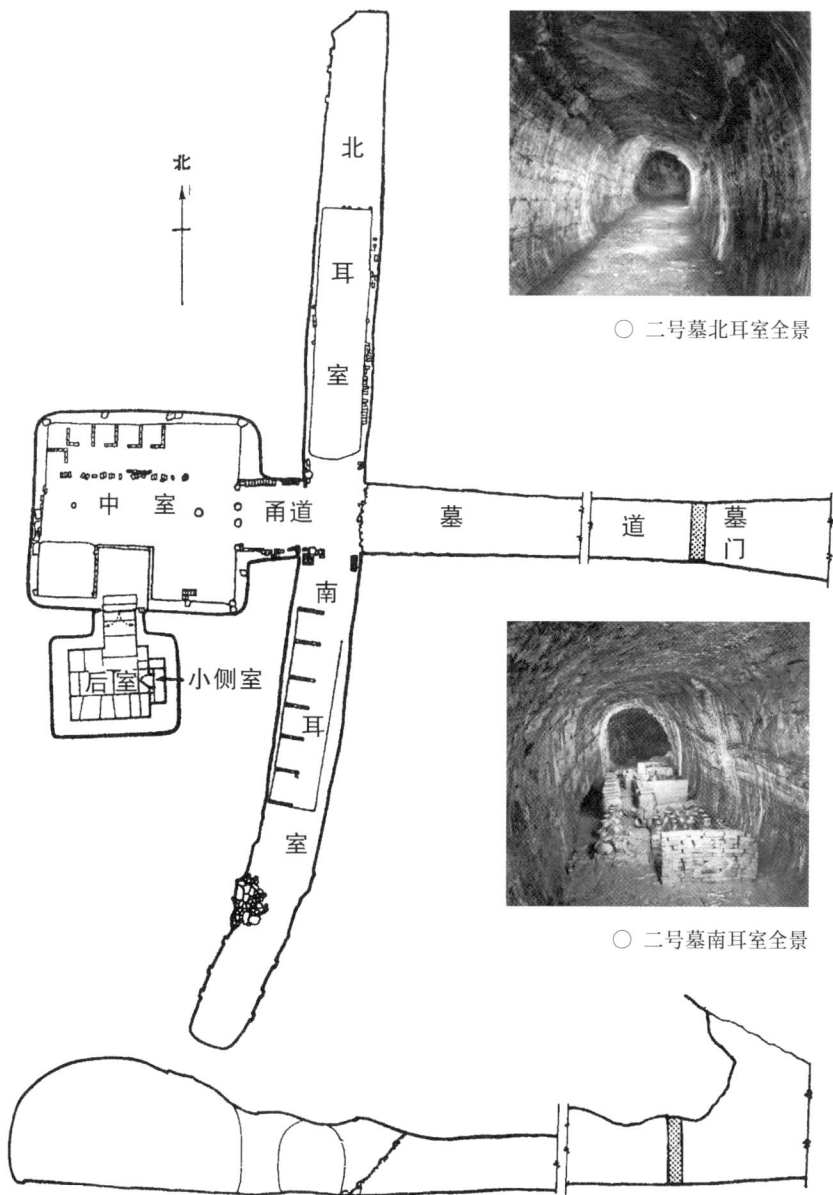

○ 二号墓北耳室全景

中　室　　甬道　　　墓　　　道　　墓门

南
耳
室

后室 → 小侧室

○ 二号墓南耳室全景

○ 二号墓平面、剖面图

封门后是墓道，里面填满了黄土和石块。经过岁月的沉积，墓道内的土石堆已然下沉，有50厘米左右的空隙。我和另外两个队员拿着手电筒就从这个空隙中爬进去，借助手电的亮光，终于看到墓室的大致情况。我们的初步判断是：它的结构与一号墓基本相同，但有些差别。

与一号墓相比，此墓的墓室不仅容积更大，而且更精巧。它所有的洞壁都呈弧形，顶部呈拱形或穹隆形。各墓室也较为规整。而且南北耳室比一号墓长得多，可能是接受了一号墓车马和陶器放不下的教训，特意加长的。

我们还发现，此墓的后室不是像一号墓那样在中室的西面，而是在南面，起先我们以为是西面的岩石质量不佳所致，后来发现不是岩石的原因，而是墓主生前有意的安排，目的是尽量靠近南面的一号墓，这也从一个侧面说明：该墓与一号墓是夫妇并穴合葬墓。由于后室的南移，库房也随之南移于南耳室，而将南面的车马房移至北耳室。

五铢钱始铸于汉武帝元狩五年（前118年）。我们从出土的五铢钱判断，墓主人埋葬的时间应在元狩五年之后，那么，其下限时间在什么时候呢？我们可以从墓中出土的"中山祠祀"封泥作出大致判断。

据《汉书·百官公卿表上》记载，"祠祀"是"詹事"（掌管皇后太子家）的属官；太乐、太祝、太宰、太史、太卜、太医六令丞是"奉常"（掌管宗庙礼仪）的属官。景帝中六年（前144年），太祝

○ 二号墓中室清理前情景

○ 二号墓后室石门打开前情景

○ 观察二号墓中室器物台上出土的器物
（前右一为作者）

○ 二号墓后室石门打开后情景

○ 二号墓后室顶门器

更名为祠祀，武帝太初元年（前104年）又更名为庙祀。由此推知，墓主人下葬时间应在太初元年之前。墓葬的时代属西汉中期。

此墓的发掘清理工作从8月13日开始，历时一个月零六天，于9月19日结束。20日考古队全体人员离开满城回到北京，出土文物也由解放军协助运回考古所。田野发掘全部结束，接下来即是大量的室内整理和研究工作，直至编写出正式发掘报告，此项考古工作才算彻底完成。根据墓葬发掘时间先后，我们将此墓定为满城二号墓。

○ 二号墓主室西壁及顶部结构

○ 二号墓主室小侧室石门打开前情景

4 豪华的地下宫殿

中国古代帝王贵族有建造生冢的习俗，他们在生前就靡费大量钱财，花几年甚至更长时间建造自己死后的地下居所，而且极尽奢华，不遗余力，其目的就是为了使自己死后也能享受到生前的荣华富贵。

我们看到，这两座豪华的地下宫殿几乎就是地上建筑的翻版。它们规模宏大，结构复杂。经实测，两座墓室体积非常大，一号墓约计2700立方米，二号墓约计3000立方米，而且墓室结构完全模仿地上宫廷建筑结构：进了墓洞大门后是一条长长的墓道，一边是车马房，另一边是库房；甬道通向会客的前厅（中室），厅堂的后面要通过一道门才能进入主人的寝室（后室），寝室跟现在的建筑一样，带一间侧室，功能相当于卫生间。现将两座墓室大小对比列表如下：

		一号墓			二号墓		
		长	宽	高	长	宽	高
整座墓洞		51.7	37.5	6.8	49.7	65.0	7.9
南耳室		16.3	3.4	5.0	30.25	3.8	4.1
北耳室		16.5	3.7	4.35	29.05	3.9	4.15
中　室		14.92	12.6	6.8	14.0	12.2	7.9
后室	门道	2.4	1.84	1.8	2.14	1.72	1.77
	主室	5.46	4.06	3.02	4.9	4.44	2.9
	侧室	3.59	1.23	1.81	2.59	0.93	1.86

注：单位为米，宽度和高度为最大值

○ 一号墓中室南侧排水沟

○ 一号墓甬道渗井

整座墓室建造得相当考究。例如一号墓为了防止墓室被山岩渗水淹没，建造了完善的排水系统。除后室外，其他墓室都挖有排水沟，作为宽大厅堂的中室，在中间还另外增加排水沟，防止地面积水；后室周围的回廊也起排水的作用，回廊的南北两头与中室两旁的排水沟相通；排水沟经过科学设计，能让室内的水辗转地流到甬道的渗井；墓室的地势也合理地做到适当倾斜，倾向甬道下的渗井，这是整个墓的最低处，有利于室内的水都能流入渗井。为了防止墓室年久坍塌，墓室的顶部做成穹隆形，周壁做成圆弧形，使墓室的抗压抗震性更强。为了让墓室地面保持干燥，地面还经过防潮防水处理：在岩面上先铺一层黄土，然后垫一层炭灰和碎瓦片，最后再铺盖一层黄土，差不多要垫高20厘米左右。而像中室这样的客厅，地面还稍经夯打使之更加平整，并曾用柴火将地面烤干，上面铺一层席子，席子上面再放置随葬器物。

一号墓的南、北耳室和中室以及二号墓的中室，都发现地面的器物上面覆盖着一层瓦片及残存朽木，经过研究考证，原来在建造之初，这些墓室内都建有屋顶铺瓦的木结构房屋。一般来说，屋顶都用板瓦，但一号墓的客厅除板瓦外，还有筒瓦。

二号墓中室的西北部有砖砌的五个小隔间，砖墙的表面涂一层草泥和白灰，象征厅内的小房间；中室的西南部还建筑一个方形的器物台，南、北耳室也都筑有器物台。南耳室的器物台长15.2米，宽2.8米，用土筑夯实，下部铺一层炭灰渣，上面再铺一层厚10厘米左右的黄土。器物台上有用砖墙砌的六个小隔间，器物放在器物台

○ 二号墓中室砖结构

○ 二号墓中室砖结构
（局部）

○ 二号墓南耳室第五
砖隔间内陶器放置
情况

上。两座墓的后室，建筑更加讲究，都是在人工凿成的岩洞内用石板修建成的石屋。一号墓的后室，周壁还涂满红漆，更显得富丽堂皇。

墓室的豪华不只体现在建造的考究，还体现在屋里陈设的奢靡。下面让我们仔细看一看各墓室的随葬器物情况。

首先我们看一下两座墓的车马房。一号墓共出土六辆车、十六匹马。除了一号车为一匹马、六号车为三匹马外，其他各车都是两匹马或四匹马。其中四辆车放在车马房里，还有两辆置于甬道上，估计是因车马房不够大，只好塞在甬道上。这个缺陷在二号墓的建

○ 清理一号墓甬道内的车马遗存

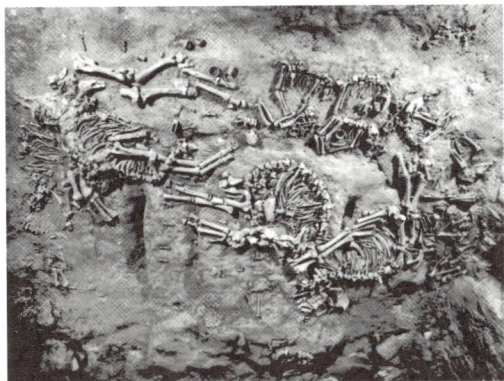

○ 一号墓二号车马遗物出土情况

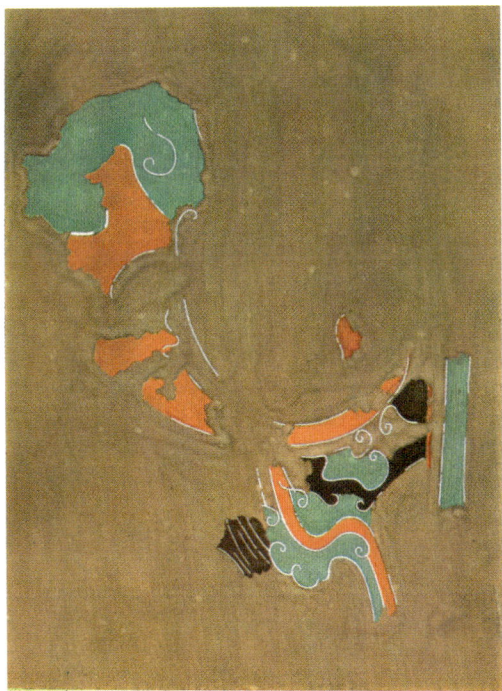

○ 二号墓二号车车厢纹饰

○ 二号墓四号车车厢纹饰

造中已加以改进，二号墓的车马房更长了，里面一共放了4辆车、13匹马。车马房里面所有的车和马都是真车真马，车是实用的车，马是杀死后放进来的。因为岁月的侵蚀，马车的车厢、车辕、车衡、车轴以及伞盖等的木质部分已全部腐朽，只残存马骨架及一些漆皮、金属车马器。我们从一号墓现场发掘出各种金属车器、马饰有45种832件。其中铜质的有37种758件，铁质的有10种44件，银质的有3种30件。而在二号墓共有车器和马饰35种2052件，其中铜质的26种2003件，铁质的11种49件。铜质的车马器大多鎏金鎏银，有的还

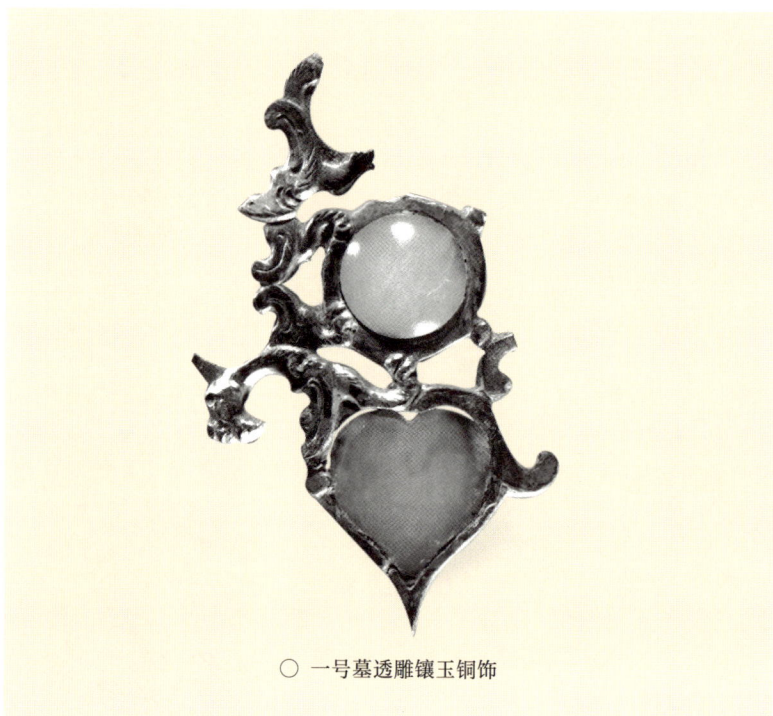

○ 一号墓透雕镶玉铜饰

○ 一号墓出土的铜承弓器、锯齿形器

○ 一号墓出土的铜车専

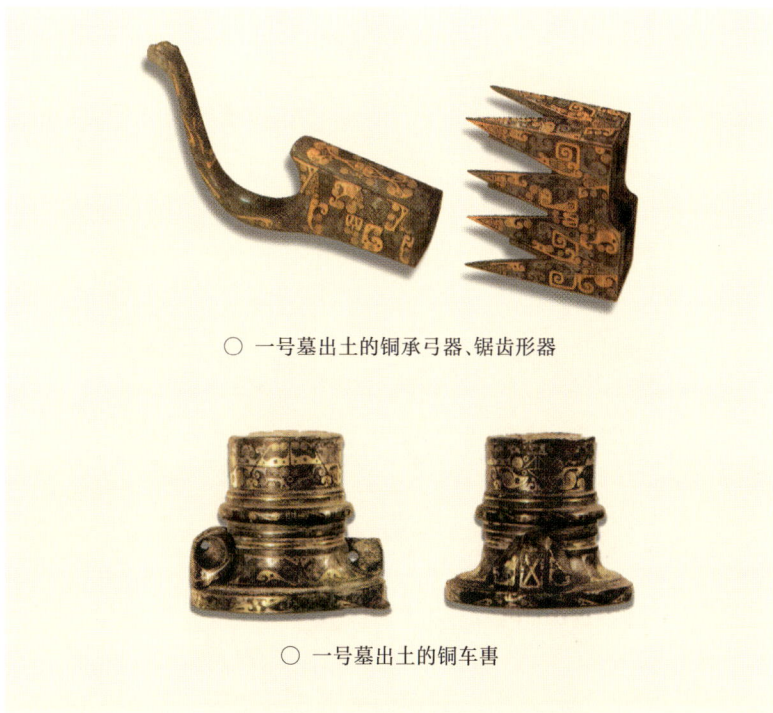

镶嵌绿松石和玛瑙，或以错金银为饰，有的在鎏金鎏银的质地上，还刻有流畅的流云纹和生动的禽兽纹。值得特别介绍的是，放在二号墓车马房最北边的一辆小型马车，驾车的是两匹小马。这辆车车厢宽不到1米，长仅0.5米左右，表面涂漆，并有彩绘纹饰。根据《汉书》等古文献记载，这种小马车本是朝廷皇太后驾游宫中用的，也称辇车；驾辇车的小马，高3尺，可于果树下乘之，称为"果下马"。看来这种朝廷皇太后乘用的小马车（辇车），当时诸侯王的王后也能乘用，二号墓出土的这辆小马车和两匹"果下马"就是例证。

○ 二号墓出土的铜当卢

○ 二号墓出土的铜当卢线图

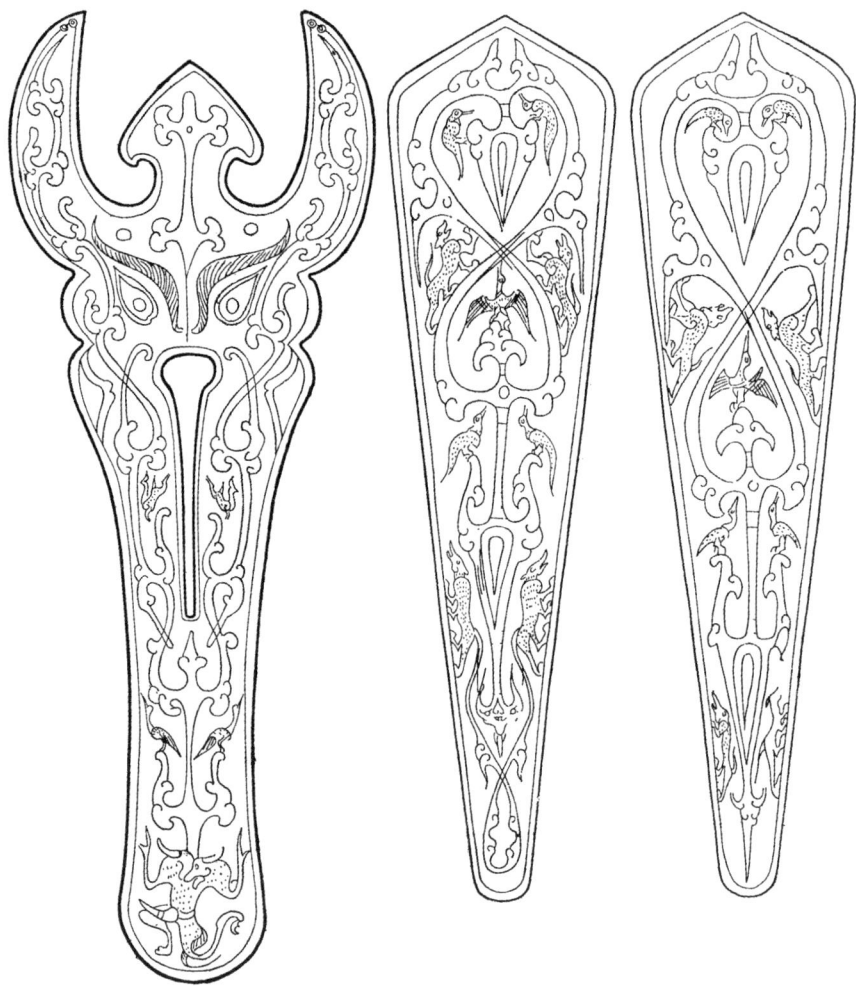

○ 一号墓出土的铜当卢线图

在车马器的附近还发现弩机、箭镞和承弓器。有些铁镞的头部呈球形，应是打猎时所用的箭镞，既能将禽兽射杀，又不伤禽兽的皮毛。一般承弓器都是成对出土的，往往与弩机同出。这种器物曾被认为是弩臂前端的装置，后来修复秦始皇陵一号铜马车时，发现承弓器焊接于车前，原来它是固定在车厢前面，用于置弩的装置。

值得特别介绍的是，在车马房中还发现一些铜质或银质的当卢，尤其是二号墓出土的四件大型当卢。当卢是装饰于马额中央的马饰。这四件当卢都用青铜制成，长25.3厘米至29.3厘米，上宽下窄，上端似圭首，下端圆弧。正面鎏银，上刻鎏金纹饰，沿边有一周或两周郭线，郭线内饰对称图案。其中一件纹饰最为生动、复杂，具有

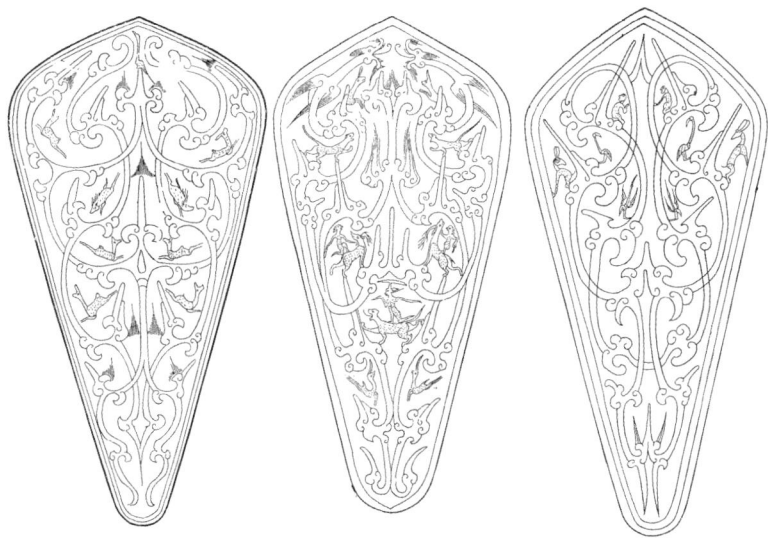

○ 二号墓出土的铜当卢线图

里外双重郭线，将图案分为内外两组。外围一组的下部是一条张口吐舌、身躯柔软的蟠龙，其上云间有朱雀、野猪及一些怪兽。内部一组除饰有流云、怪兽外，还刻画一个张弓射箭的猎人。猎人头戴尖帽，身穿对襟短衣，挽裤及膝，向右扭身，拉弓满弦瞄准一怪兽作发射状。画面中禽兽千姿百态，猎人矫健有力，共同组成一幅生趣盎然的狩猎场景。

　　下面我们再来看一下墓室中储藏物品的库房。整个库房中的物品可以说是种类繁多，应有尽有，里面存放了大量食品和用品。一号墓随葬器物主要是陶器，此外还有石磨、铁炉、铜勺、铜镞和朱绘蚌壳等。根据随葬品分布的情况，可分为南、中、北三部分。二号墓南耳室主要放置各种陶器，还有少量铁器和漆器。陶器主要有

○ 一号墓北耳室北段陶器堆积

○ 一号墓出土的陶壶

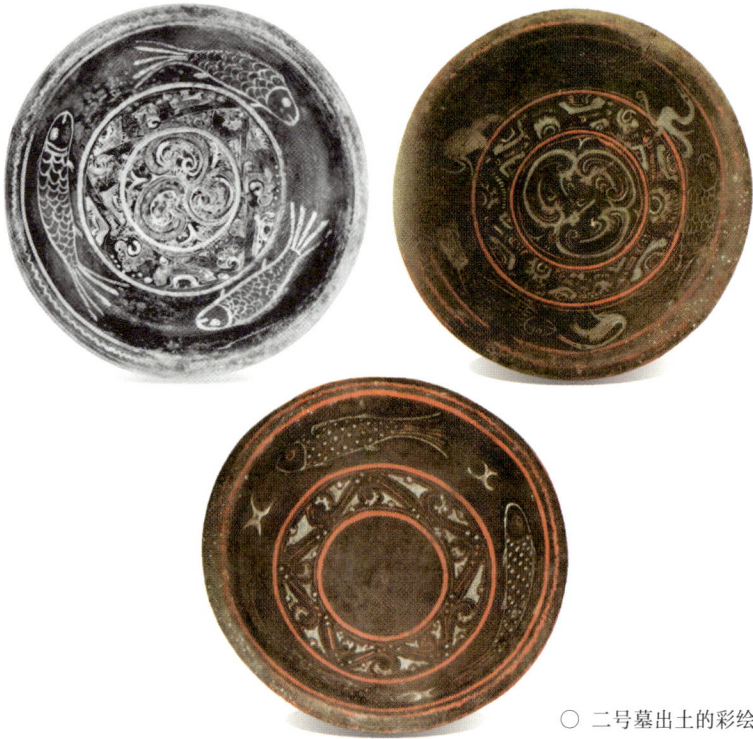

○ 二号墓出土的彩绘陶盆

○ 二号墓出土的陶匜

贮存粮食、鱼、肉等食物的壶、钫、瓮、罐，有盛酒的大陶缸，有日常生活用的盘、匜、盒、奁、盆、钵、瓶，还有鼎、卮、耳杯等饮食器皿和釜、甑等炊具。这些陶器主要是泥质灰陶，夹砂灰陶不多，还有少量的泥质红陶和夹砂红陶。半数左右的陶器表面有彩绘或朱绘的纹饰。

以二号墓陶器为例，二号墓的陶器主要是夹砂灰陶，其次是夹砂红陶。绝大多数是素面的，只有少数有彩绘纹饰，值得一提的是十二件彩绘的陶盆。彩绘陶盆体积较大，口径54.2厘米至56.5厘米，都以黑褐色涂地，再用红、白、蓝等色描绘出各种纹饰。这些陶盆多数在口沿画几道红彩，内壁纹饰分三部分，上部多数画鹭、鱼纹，中部在两道红彩之间绘出由云气纹、花瓣纹等组成的花纹带，底部多绘云气纹或鹭、鱼纹。这些彩绘陶盆在过去出土的汉代彩绘陶器中是极为少见的，它的彩绘技艺很高，画法生动活泼，色彩鲜明，线条流畅，充分表现了汉代画工高超的艺术水平。

由于这些彩绘陶盆取出墓室后色彩会逐渐变淡，为了能在墓室内及时拍摄这些彩绘陶盆的纹饰，我们想用彩色胶卷将它拍摄下来。可是在当时市面上根本买不到彩色胶卷，我们只好通过王廷芳向郭老请求帮助。为此，郭老亲笔给周总理写信，周总理很快批复才顺利解决了问题。

一号墓和二号墓中都出土了为数不少的大陶缸，这些陶缸的内壁有液体浸痕，底部大多数有白色粉末状渣子，似为酒的沉淀物。一号墓出土十六件陶缸，部分陶缸的肩部有朱书的字迹，内容为

○ 二号墓南耳室陶器放置情况

"黍上尊酒十五石""甘醪十五石""稻酒十一石""黍酒十一石"
"甘醪十石"等。汉代的酒有上尊、中尊、下尊之分,"上尊酒"应
是醇厚的好酒。二号墓十七件陶缸中的十四件的肩部也发现有朱红
文字,其中三件书"稻酒十一石",三件书"黍酒十一石",其余八
件字迹模糊不清,有的可见"酒十一石"或"十一石"残存字迹。
这些迹象,说明这些陶缸是盛酒用的,也说明墓主人生前都是喜欢
喝酒的。

我们在库房的陶壶、陶钫、陶罐、陶瓮中还发现有食物遗存,
但出土时已成为许多动物骨骼和植物残渣。经鉴定,动物骨骼中除

有不少鱼骨外，数量最多的是鼠类骨骼。一号墓有岩松鼠、社鼠，而二号墓有社鼠、褐家鼠和大仓鼠。以鼠类作为随葬品，在汉墓中很少见。《尹文子·大道下》记载："郑人谓玉未理者为璞，周人谓鼠未腊者为璞。周人怀璞，谓郑贾曰：'欲买璞乎?'郑贾曰：'欲之。'出其璞视之，乃鼠也，因谢不取。"可见在先秦时期就有了吃鼠肉的习俗，当时居住在河南洛阳一带的周人，把没有腌过的鼠肉

○ 二号墓南耳室
第五、第六砖
隔间内陶器放
置情况

○ 二号墓南耳室
第二砖隔间内
陶器放置情况

称为"璞"，并拿到市场上去卖。所以，陶壶、陶瓮和陶罐内的大量鼠肉，应该被确定为是作为食品放进墓内的。此外还发现少量黄鼬、草兔的骨骼。

与此同时，我们在陶器中发现的植物残渣则已成为白色和黄色的粉末。经观察，应该是粮食作物，但因为腐烂过甚已无法鉴别。

值得一提的是，我们在一号墓库房的南部发现一套实用的研磨工具，它由一盘石磨、一件铜漏斗和旁边的一具马骨架组成。石磨系用黑云母花岗岩制成，分上下两盘，中心有一圆形铁轴。石磨通

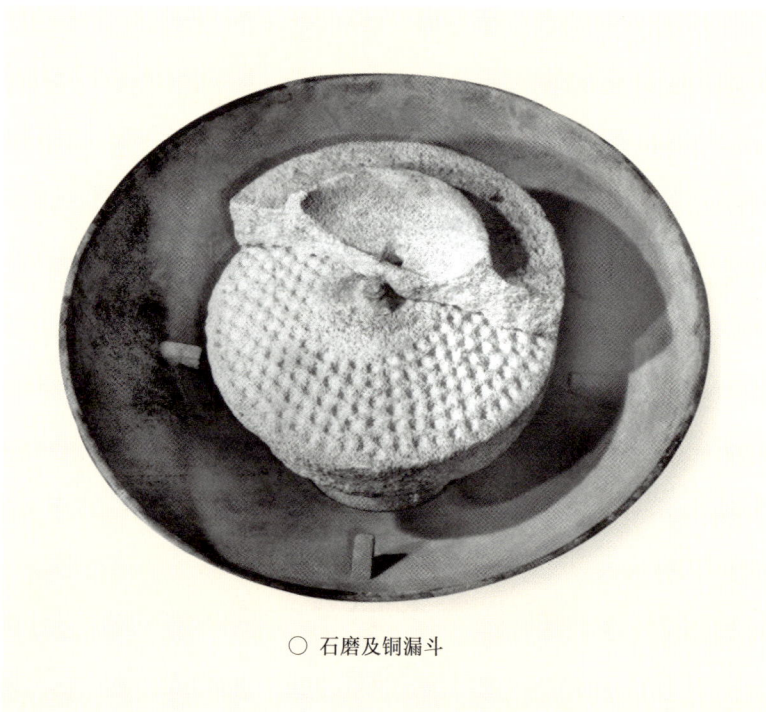

○ 石磨及铜漏斗

高18厘米，直径54厘米，置于铜漏斗上，漏斗口径94.5厘米，内壁平伸出四个对称的支架，支架上原来应该有承托磨盘的木架，但出土时木架已朽烂无存。整套设备下面还有朽木痕迹，推测下面也应该有木架之类的设置。这件与石磨配套的大型铜漏斗，在考古工作中尚属首次发现。附近发现的马骨架，应是用于推磨的牲畜的遗骸。关于这套磨具，我和张孝光同志合写了复原研究的文章，我们认为，这件磨具应该是湿磨（或称水磨），它的主要用途是将农作物磨成流质浆类，如麦浆、米浆、豆浆等，磨出的浆通过铜漏斗的下口流入放置在下面的容器中。

下面我们再来看一看中室。因为这里是墓主人用于宴请宾客、娱乐寻欢之处，所以陈设极为奢华，出土的器物数量多，而且品种也非常齐全。

一号墓，随葬器物就有鼎、釜、镬、甗等食器和炊器，罍、钟、链子壶等酒器，铞、盆、灯、勺、熏炉等日常生活用具。另外还有象征倡优艺人的两件错金小铜人，用于计时的铜漏壶以及象征奴仆的陶俑和石俑，作为明器的小型车马器，甚至还有用于医学治疗的银盒和银漏斗以及金、银医针。此外，在中室靠近甬道处还发现一些仪仗类器物的顶部装饰。后室出土的铜鸡首仪仗较为少见。《韩诗外传》记载，鸡有文、武、勇、仁、信五种德，该仪仗与兵器共出，可能具有象征威武的意义。在二号墓出土了用于喝酒时提高兴致的错金银并镶嵌玛瑙、绿松石的铜骰以及"宫中行乐钱"。以上这些器物都生动呈现出墓主生前奢华的生活景象。

○ 一号墓出土的铜鸡首仪仗的铜杖首和铜镈

○ 铜镈线图

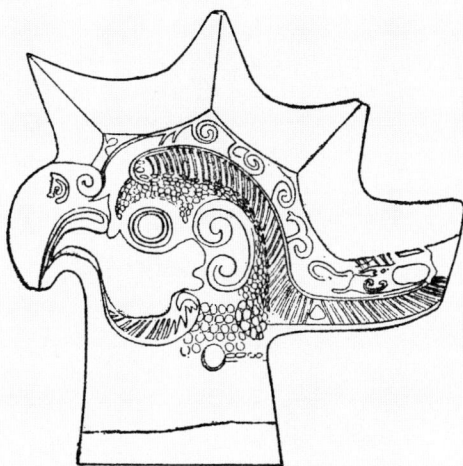

○ 一号墓出土的铜鸡首仪仗首线图

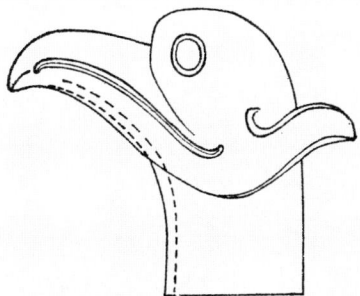

○ 一号墓出土的铜鸠杖首线图

○ 一号墓中室南部出土器物情况

○ 一号墓出土的铜套钵

○ 一号墓出土的陶俑

○ 一号墓出土的铜灯

○ 一号墓出土的铜倡优艺人

在中室这个富丽堂皇的厅堂中，我们特别介绍一下在一号墓发现的重要陈设——帷帐。

帷帐有两顶，分别张设在厅堂的中部和南部。帷帐的帷幕和木质的帐架都已朽烂，保存下来的只有铜质的帐钩。根据现场情况，白金荣同志负责将帷帐作了复原。通过复原，我们终于对这两具帷帐的帐架结构有了明确的认识。中部的那具是四阿式顶的长方形帐架，从鎏金的帐钩可以看出，这具帷帐原来是十分华丽的，是厅堂中最主要的陈设。而南部的那顶是四角攒尖式顶的方形结构。

根据先秦文献记载，我国古代使用帷帐一类器物的历史至少可以追溯到东周时期。《周礼》记载，王公贵族凡朝觐、征伐、田猎、祭祀以及举办丧事等，都使用帷、幕、幄、帟等。针对不同等级的贵族，还规定了不同的使用制度。

自东周至秦汉，帷帐的使用越来越广泛，华丽的帷帐是当时王公贵族殿堂宫室中不可缺少的陈设，从而使帷帐进入了兴盛时期。在汉代文献中，帷帐往往和殿屋、宫室、钟鼓、车马、钱帛、珍宝等联系在一起，凡是描述宫殿、府第的豪华奢侈者，往往都提及帷帐。汉代帷帐的用途十分广泛：有设置于厅堂内宴请宾客用的，有郊外送别时使用的，也有行军作战时用的；此外，还有平时家居用的坐帐，以及举办丧事时用的丧帐。有时皇帝还把帷帐作为贵重物品赏赐给臣属。《汉书·西域传赞》记载，汉武帝时"兴造甲乙之帐，落以随珠和璧"。传说"以琉璃、珠玉、明月、夜光杂错天下珍宝为甲帐，其次为乙帐，甲以居神，乙以自居"。可见甲、乙之帐的

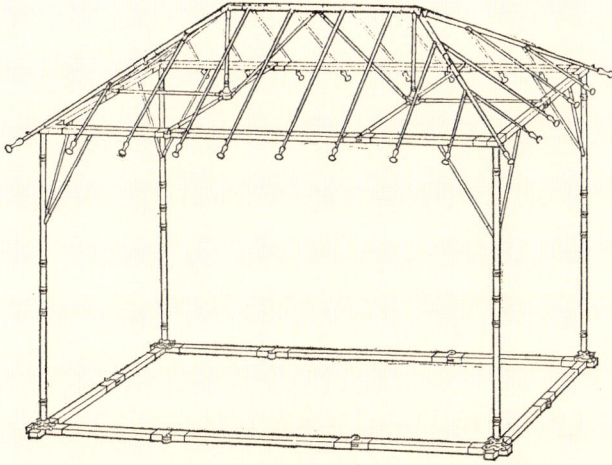

○ 长方形帷帐帐架复原透视图

○ 长方形帷帐铜帐架的垂柱柱头构件

豪华和高贵。满城汉墓的这两具帷帐，其豪华程度虽不及武帝的甲、乙之帐，但从其中一具帐钩表面鎏金、垂柱柱头和立柱底座构件饰以龙纹或图案花纹，以及另一具铜帐钩鎏银等现象判断，这两具帷帐原来也是相当华丽的。

在一号墓中室，与宴请宾客相关的陈设，除帷帐外，还有三张精美的漆案。漆案为长方形，有四个案足，在木质案足的外侧包着铜质的案足。铜案足的表面鎏金，上部略作长方形，中部上宽下窄如倒瓶形，下部为人字形或蹄形。其中一张漆案在案足上部安装铜合页，使案足可以向内折叠，便于不用时的存放。漆案的木质案面已朽烂无存，只有周缘的案栏铜饰留存了下来。

从鎏金案足和案栏铜饰可以看出，漆案的制作相当精美。从漆案铜饰出土的位置考察，这三张漆案原来摆放在中部那具帷帐的前面，与漆案铜饰同时出土的还有漆耳杯的鎏金铜饰，说明当时案上还摆放着"铜耳黄涂"或"黄耳"的高级漆耳杯。

○ 一号墓出土的铜对兽形饰

○ 一号墓出土的铜鹿形饰

　　河南密县打虎亭二号汉墓中室北壁有一幅《百戏图》壁画，描绘了墓主生前宴请宾客的场景。画上的左边有一长方形帷帐，帷幕为红地黑花，顶为庑殿式。帐前有黑色大案，上置杯盘，案旁坐两人，似为墓主。案前绘百戏图像。两边各绘一排人物，跽坐席上，席前也绘有杯盘等物（安金槐、王与刚：《密县打虎亭汉代画像石墓

○ 河南密县打虎亭二号汉墓壁画《百戏图》

和壁画墓》)。这幅画与满城汉墓出土器物所描绘的场景十分吻合。

在一号墓中室，我们还发现了一件我国古代用于计时的铜漏壶，这是迄今发掘出土的有准确年代可考的最早的一件，对于我国古代天文研究具有重要的参考价值。此外，还出土少量金器，如金医针、金叶和轮形金饰等。

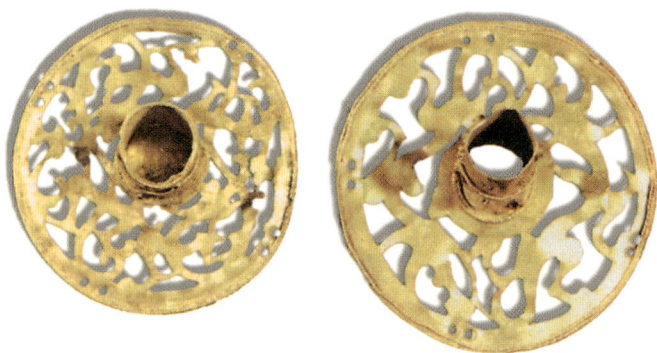

○ 一号墓出土的轮形金饰

在二号墓的中室，虽然大型的随葬品不多，但也有一些极其精美的摆设，如铜博山炉、铜朱雀灯、铜朱雀衔环杯。这里我们先介绍一件国内第一次发现的刻度十分特别的西汉铁尺。这把铁尺长23.2厘米、宽1.2厘米、厚0.25厘米，在出土时已断为三段，两端各有一小圆孔，可以系带，表面包裹有丝织品的痕迹。经过技术人员细心去锈修复后，我们看到尺的两面都有刻度，尺寸刻于两边，系用错金小点表示。全尺分为十寸，一边刻出距离相等的十寸；另一边在一、二、四、六、八、十各寸无分划，而第三寸刻三等分，第五寸刻五等分，第七寸刻七等分，第九寸刻九等分，用于量出三分之一寸、五分之一寸、七分之一寸和九分之一寸的长度，可能这是一把有着特殊用途的铁尺。

下面让我们再来看看充满神秘感的后室。

前面提及，从中室到后室有一道石门，这道石门不是轻易能打

修复前 修复后

○ 二号墓出土的错金铁尺

开的，后面都有顶门器。只是一号墓的顶门器装在地下，而二号墓的装在门道顶部。石门后是门道，一号墓的门道上有两个大理石的仆人，而在二号墓，虽然没有石俑把守，但却在门道内口西侧放着一盏高大的铜灯，那是一个面目忠厚的女侍跪在地上，双手托起一盏灯，这就是震惊中外的长信宫灯。

穿过门道即来到象征主人卧室的寝宫，这里珍宝玉器琳琅满目。两座墓的寝宫都摆放漆案，一号墓有两张漆案，大漆案放在寝宫中部，小漆案放在东南角。案的木质部分已朽，只存铜质构件。小漆案上有漆盘、漆耳杯等饮食用具。

二号墓的漆案上有漆尊、漆盒和玉带钩各一件。从二号墓漆尊残存的金属构件观察，漆尊为圆筒形，上有盖，下有三个熊形足。盖顶当中有活环拉手，钮座为柿蒂形，有鎏金、鎏银的纹饰。拉手的周围有三个朱雀形高钮，朱雀昂首翘尾，通体鎏金。漆尊的两侧有对称的衔环铺首，表面鎏金。漆尊的尊底周缘镶银扣，从银扣测算，尊的口径约为24厘米，属于大型漆尊。从残存的漆片观察，此尊为夹纻胎，器里为朱红色。漆盒也为圆形，已朽烂，只保存下来了柿蒂形铜饰以及盖和底的银扣。从银扣测算，漆盒口径约为28.5厘米。这种带有金银装饰的漆器，汉代称为"扣器"，是皇室贵族喜欢使用的高级漆器。出土时漆盒内放一面铜镜。在漆盒的旁边发现了一方铜印，为方形双面印。这方铜印应是墓主人的私章，它的发现使我们确知了二号墓主人的身份。

在一号墓寝宫中部的大漆案上面放着鼎、釜、勺、带钩等铜器，

○ 一号墓主室器物分布

尊、盘等漆器，以及未刻字的玉印等。在漆盘中，有一具经火烤烧过的乳猪骨架，这说明烤乳猪可能是墓主人生前喜爱的食物。在大型漆案的周围，摆放着错金银鸟篆文壶、鎏金银蟠龙壶、鎏金银镶嵌乳丁纹壶等精美的青铜酒器，还有铜灯、铜熏炉、铁暖炉等日常用品。

在寝宫中还备有兵器，二号墓只有两把铜剑，而一号墓多一些，有弓、盾和铁铠甲，还有许多兵器的铜镦和铜镈，以及与之相配的铁戟、铁矛、铁铤等兵器。这些可能是墓主人生前所用或想将之用于守卫墓室的兵器。

○ 一号墓出土的铜釜

○ 一号墓出土的铜熏炉

○ 一号墓出土的铜灯

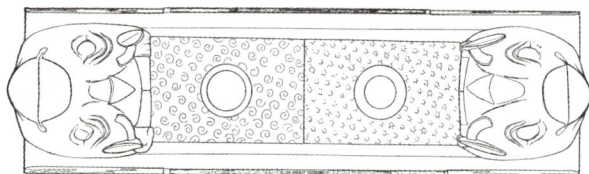

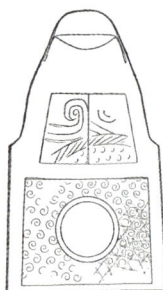

○ 二号墓出土的镶玉铜枕

○ 一号墓出土的镶玉铜枕

寝室中最重要的当然是墓主人卧榻之处了。两位主人均身着金缕玉衣，头枕镶玉铜枕，手握璜形玉器。镶玉铜枕枕身为长方形，中空，两端为高昂的龙首或兽首形。一号墓镶玉铜枕长44.1厘米，二号墓镶玉铜枕长41厘米。铜枕鎏金，枕面和两侧面都镶嵌刻有纹饰的玉片；二号墓铜枕镶嵌的玉片可以明显看出是用玉璧改制而成的。镶玉铜枕造型优美，装饰华丽，是汉代铜枕中难得的珍品。枕内有花椒，经中国科学院植物研究所鉴定，属于芸香科花椒属的花椒，有麻醉、止痛、驱虫、抗菌等效用。

一号墓主人的棺椁安放在汉白玉石棺床上，玉衣内还发现一套"玉九窍塞"。古人认为："金玉在九窍，则死人为之不朽。"（葛洪《抱朴子内篇·对俗》）在玉衣的腰部左侧置铁刀一把，右侧放铁剑两把，刀和剑皆带鞘。在玉衣的南侧出土刀、剑、匕首等铜、铁武器，以及圭、璧、环、印、簪、玉人、带钩、觿形佩等玉器。铁刀都有环首，多数有错金纹饰，是为刊削简牍用的，古人称削，汉人

○ 一号墓主室棺床上出
土的玉璧等珍贵文物

○ 一号墓出土的玉人

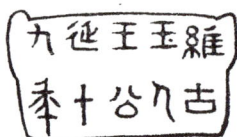

○ 玉人铭文

○ 一号墓出土的铜铺首

称书刀。铁剑中有一把典型的"玉具剑"，是我国考古工作中首次发现的四种玉饰齐备的汉代玉具剑。玉器中有一件谷纹璧，与玉璧同出的还有一件玉人。玉人雕作玉公凭几而坐的形象，身穿右衽宽袖长衣，腰间系菱形纹衣带，双手置于几上。底部阴刻铭文"维古玉人王公延十九年"十个字。从铭文内容考察，这件玉人既是艺术品，又是辟邪之物。棺床上发现一些鎏金的铜棺环和铜铺首，应是棺椁外壁的饰物；上面镶嵌浮雕卷云纹玉饰的小铺首，可能是漆器上的附件。在靠近棺床南缘偏东处，出土了四十枚金饼和二百七十七枚"五铢"铜钱，金饼的含金量为97%，每枚的重量约相当西汉时的一

○ 一号墓出土的金饼

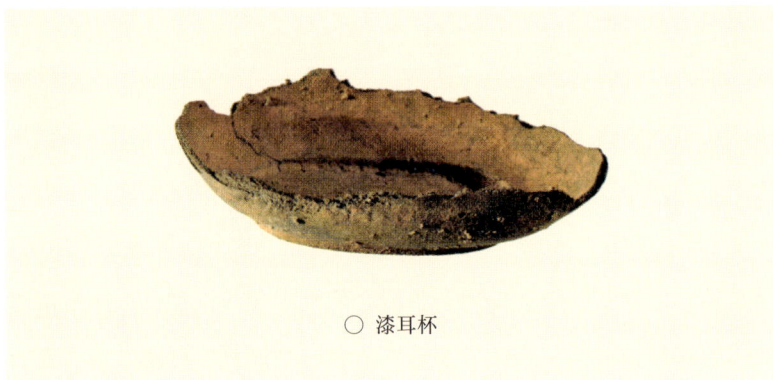

○ 漆耳杯

两。在寝室靠近侧室的石门处，还发现第二件石女俑，身旁还有一些漆盘、漆耳杯，这件石女俑应为供墓主人使唤的内室女仆的形象。

二号墓女主人躺在一具镶玉漆棺内，这具漆棺内壁是用192块玉版镶满，构成一具玉棺；而外壁还镶嵌二十六块玉璧。复原后棺内口长2米、宽0.52米、高0.54米。这种镶玉漆棺，在我国汉代考古中还是首次发现，它为我们增添了研究汉代葬具的新资料。此后，江苏徐州狮子山楚王墓和江苏盱眙大云山江都王刘非夫妇墓也都出土了类似的镶玉漆棺。刘非王后墓的镶玉漆棺有相当部分保存较好，南京博物院已对该棺进行了复原。复原后，棺的内壁镶满玉片和玉璧，棺的外壁也镶少数玉璧和玉饰。狮子山楚王墓出土的镶玉漆棺，初次修复时将玉片都镶在棺的外壁，学者对此有不同意见。据悉，2019年进行了二次修复，将玉片改镶在棺的内壁。修复报告尚未发表。

在镶玉漆棺内，除了玉衣、玉璧和镶玉铜枕外，还出土铁书刀、漆奁、铜镜和肖形印等珍贵文物。铁书刀制作精致，形体较小，共

○ 二号墓镶玉漆棺的玉璧、玉版出土情况

○ 二号墓漆奁、铁
书刀出土情况

○ 二号墓肖形印出
土情况

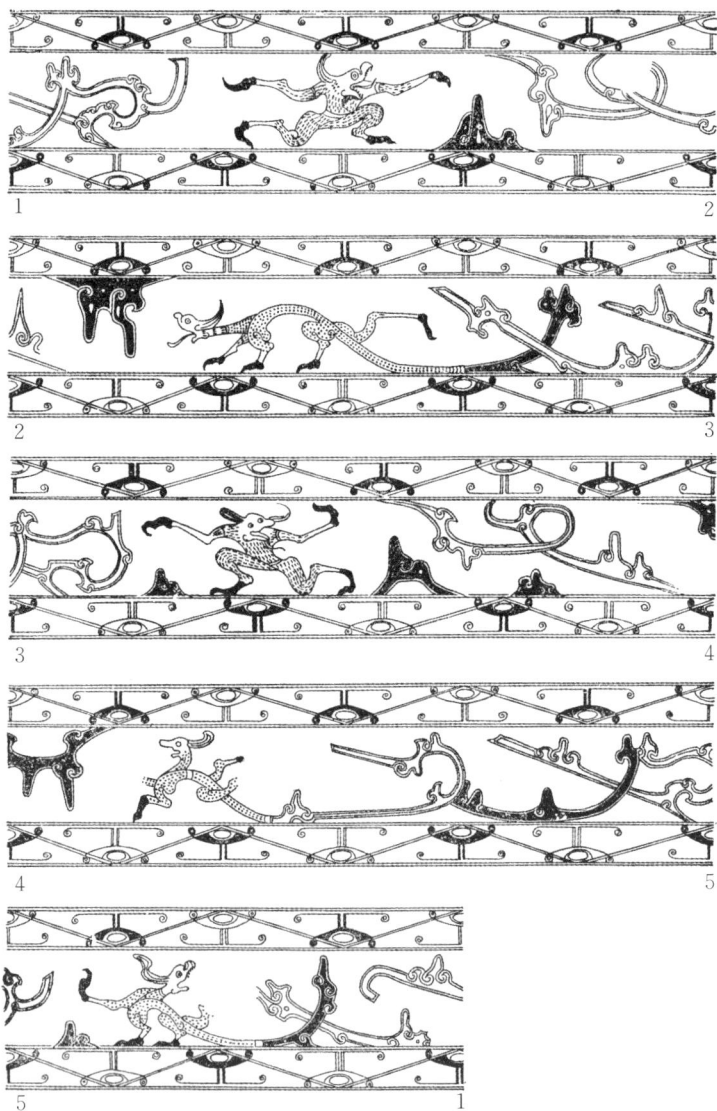

○ 二号墓五子衩铜饰带花纹展开图(按号数顺序衔接)

○ 二号墓漆奁铜饰错金、银花纹

1.圆形大盒盖上铜饰　2.椭圆形小盒盖上铜饰　3.方形小盒盖上铜饰

4.圆形小盒盖上铜饰　5.长方形小盒盖上铜饰

$$3 \dfrac{1}{2}$$

1　一号墓侧室内西部器物出土情况
2　一号墓侧室内东部器物出土情况
3　二号墓侧室内出土器物

四十七件，分为两束；长度为15厘米至18厘米，装饰考究，是墓主
生前喜爱之物。漆奁口径约为25厘米，从残存的金属附饰观察，原
来应是一件极为精美、华丽的漆器。漆奁为五子奁，里面有方形，
长方形，椭圆形和大、小圆形小盒各一件。漆奁是夹纻胎，里面漆
朱红色。漆奁内除了五个小奁盒外，还放置一束铁书刀和一面铜镜。

　　在漆棺和玉衣内还发现一些小型器物，如玉印、玉带钩、小玉

○ 铜质肖形印拓片

饰、玉舞人、水晶印和铜质肖形印等。玉印和水晶印都未刻印文。
小玉饰有蝉形饰、瓶形饰、花蕊形饰、联珠形饰等。玉舞人为片状，
透雕作舞人形，以阴线刻饰细部，两面纹饰相同。上述小玉饰加上
共出的水晶珠、玛瑙珠及玉舞人，都出土在玉衣的胸前，应该都是
墓主所佩串饰的构件。肖形印共十八件，除了一件为长方形外，其
余都为圆形。长方形印的印面为浮雕的人物劳动场面。画面分为上
下两组：上面一组为三个人，其中两人执杵作舂米状，另一个人正
在簸米；下面一组也是三个人，正在从事炊事活动。圆形印均为阴
刻，印面图案有鸟、兽、蟠龙、人物行走和乐舞场面等，形象颇为

生动。

最后让我们来看一看侧室。

侧室的面积都不大，用一扇小门与寝室相通。一号墓的侧室有一件石俑，应是象征服侍墓主沐浴的男仆。侧室面积虽不大，但里面出土的随葬品却不少：有用于贮存水的铜罍和铜盆；有照明用的造型优美、结构精巧的铜灯；有熏香用的工艺水平很高的错金博山炉；有存放衣服的家具；还有搓澡用的搓石以及"中山御丞"封泥。可见这是一间设备完整、装饰豪华的浴室。二号墓侧室的随葬品有陶壶五件、陶罐一件；铁灯一件。漆器都已朽烂，只残存一些银扣；铜器有铜盆、铜灯各两件，铜锅一件；其中一件大型铜盆，口径71厘米，高15.8厘米，其器形和大小与一号墓中室所出的刻有"常浴"铭文的铜盆基本相同，应是沐浴时用的。铜锅上刻有铭文三十三字："中山内府，铜锅一，容三斗，重七斤五两，第卌五，卅四年四月，郎中定市河东，贾八百卌"。从铭文记载可以看出，这件铜锅是中山国官吏郎中定从河东买来的，价格是八百四十钱。这则铭文对了解西汉时期青铜器的价格具有重要的意义。

陵山汉墓的规模宏大，结构复杂。在岩石中开凿如此庞大的墓洞，就是用现代化的施工方法，估计也需要上百人费一年左右的工夫；且不说墓室内各种豪华的陈设布局，为了保护这座地下宫殿，当时的造墓者可谓费尽心机。就一号墓而言，在长达20多米的墓道内，填满了石块。墓道口用土坯墙封堵，并在两道土坯墙之间浇灌铁水，从而形成一道封闭的铁墙。墓建成后，又在墓口前填满泥土

○ 服侍墓主人沐浴的男俑

○ 二号墓出土的铜灯

○ 二号墓侧室出土的铜铅

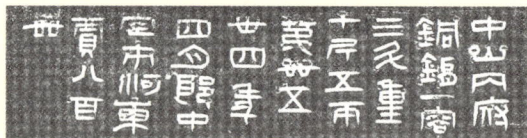

○ 铜铅铭文拓片

和大大小小的石块。大石块是从山上推下来的，小石块是从墓洞里凿出的，填好后尽量按自然的山面复原，有较强的隐蔽性。如果不是施工中偶然发现，这座墓可能至今还埋藏在陵山之中。可以想象，在汉代的技术条件下，所耗费的人力、物力和时间，一定是十分惊人的。

二号墓与一号墓相比，虽然随葬品不如一号墓丰富，但整个墓室的容积更大，结构更为讲究，墓道的封门也更加坚固，根据这些判断，营建此墓的艰巨程度，应该不亚于一号墓。

《史记·孝文本纪》记载，营建霸陵时，"发近县见卒万六千人，发内史卒万五千人"，共计三万一千人。这两座墓的建造方式与霸陵基本相同，都是以山为陵，虽其规模可能不如霸陵，但所用人力也当在万人以上。

5 墓主人是谁

这两座庞大的地下宫殿式的墓葬究竟是什么时代的墓？墓中埋葬的究竟是什么人？这一连串的问题从发掘的第一天起我们就不断地思考、探索。随着发掘工作的进行，我们的认识也逐步深入，墓主人之谜慢慢得以解开。

首先是时代问题。从墓葬形制和随葬品的时代风格判断，这两座墓应属西汉时期。墓葬形制是崖洞墓，以山为陵，不另起坟，可能是仿效汉文帝霸陵建造的。从一号墓中出土的2316枚五铢钱来看，它虽然有三种形式，但都是西汉五铢。前文已述及五铢钱始铸于汉武帝元狩五年，所以这墓葬的年代应为元狩五年以后的西汉时期。

那么它是谁的墓葬呢？就地望而言，墓葬所在地的满城在汉代为北平县地，属中山国。这从墓中众多铜器上刻有铭文："中山府""中山内府""中山宦者"和出土的封泥上的"中山御丞"的印文可得到印证。"中山府"应为"中山内府"的简称，据《史记·货殖列传》注引《正义》："周有大府、玉府、内府……皆掌财币之官。"至于"宦者"和"御丞"，都是"少府"的属官。

西汉时期，"藩国大者"，"宫室百官，同制京师"（《汉书·诸侯王表》）。可见当时的藩王地位颇高。再加上墓主身着金缕玉衣，可见一号墓墓主应该是西汉中山国的某个王。

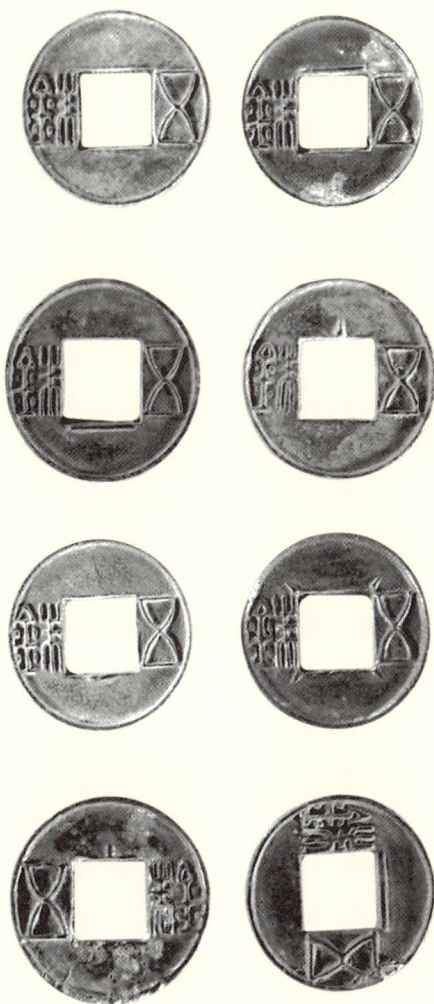

○ 汉五铢钱

根据史书记载，西汉中山国前后有十个王，他们在位的时间和年数如下表：

名称	在位时间	在位年数	备注
靖王胜	景帝前元三年（前154年）至元鼎四年（前113年）	42年	《汉书·中山靖王胜传》（下简称《刘胜传》）误作在位43年
哀王昌	元鼎五年（前112年）至元鼎六年（前111年）	2年	史表作元鼎五年死
穅王昆侈	元封元年（前110年）至征和三年（前90年）	21年	史表作元鼎六年嗣位；史表及《刘胜传》"穅"作"康"
顷王辅	征和四年（前89年）至后元二年（前87年）	3年	《刘胜传》误作在位4年
宪王福	始元元年（前86年）至本始四年（前70年）	17年	
怀王脩	地节元年（前69年）至五凤三年（前55年）	15年	《刘胜传》"脩"作"循"，无子绝
哀王竟	初元五年（前44年）至建昭四年（前35年）	10年	宣帝子，葬杜陵，无子绝
孝王兴	阳朔二年（前23年）至绥和元年（前8年）	16年	元帝子
箕子	绥和二年（前7年）至元寿元年（前2年）	6年	元寿二年立为皇帝，即平帝，葬康陵
成都	元始元年（公元1年）至初始元年（公元8年）	8年	孝王侄孙，王莽称帝后，贬为公

　　从上表可以看出，西汉中山王中在位年数最长的是第一代靖王刘胜，在位四十二年，其余各代都没有超过三十年。而一号墓出土器物铭文中的纪年有"卅二年""卅四年""卅六年""卅七年""卅九年"等，都在三十年以上，据此可判断，一号墓墓主应是第一代中山王刘胜！

　　从文献记载方面，我们也看到，关于哀王陵、康王陵、顷王陵和宪王陵的记载在《水经注》中都能查到，哀王陵和怀王陵在《太平寰宇记》卷六十二引书中也有记载，而靖王刘胜的陵墓却未见于古地理书籍，可见在北魏郦道元注《水经》时已不知其所在。

　　应该说明的是，《大明一统志》（卷三）记载，在定州城西有"中山靖王冢"，此后的《大清一统志》《定州志》和《定县志》都承袭此说。《定州志》和《定县志》中还详细记载说，坟在定县县治西二里余，冢高二丈许。对于上述记载，定县博物馆的同志在1969年12月清理净众院舍利塔塔基过程中得到了纠正。这个塔基即在传说中的"靖王冢"南200米，他们在一块宋代"创修净众院记"石碑碑文上发现了下述记载：净众院"东踞龟城，西连滱水，北枕慕容氏之高陵，南通皇都之大道"。因而定县博物馆在发掘报告中认为："'慕容氏之高陵'，即传说中的靖王坟，在塔基的正北200米处，当是后燕慕容氏的陵墓。""创修净众院记"石碑建于北宋端拱元年（988年）6月，可见误传当在此后。

　　中山靖王刘胜，在《史记》和《汉书》中都有他的传记。他是汉景帝刘启的儿子，武帝刘彻的庶兄，为景帝贾夫人所生，于景帝前元三年（前154年）封为中山王。

司马迁在《史记·五宗世家》中这样评价刘胜："胜为人乐酒好内，有子枝属百二十余人。"史书还记载了中山王刘胜同他的胞兄赵王彭祖的一段对话。刘胜对彭祖说，你作为王怎么专替官吏办理事务，"王者当日听音乐声色"。赵王彭祖听了很不以为然，反过来批评他说："中山王徒曰淫，不佐天子拊循百姓，何以称为藩臣！"可见刘胜是一个骄奢淫逸，终日以音乐、声色自娱的诸侯王。据史书记载，自元朔二年（前127年）至五年（前124年），刘胜之子先后封侯的就有二十人。汉代诸侯王的妻妾，有的多达数百人，可见司马迁说刘胜有子孙一百二十余人是可信的。这从一号墓内埋藏的大量随葬品可以得到证实。

刘胜墓中室出土象征男性生殖器的银祖和铜祖共三件，这种与性有关的文物，可能与所谓房中术有关，也可能是刘胜妻妾众多的一种反映。有学者认为："不言而喻，这些女用性玩具，既可用于其'御声色'，观赏色情表演以助兴，也可令诸御婢自用以去妒泄欲。"（陈海：《G点与西汉女用性玩具考》，《考古与文物》2004年第3期）

中山王刘胜所处的时代，正是西汉中期，处于中央政权与各地诸侯王之间的矛盾爆发时期，刘胜被封为中山王那一年，即景帝前元三年，景帝平定了代表地方封建割据势力的吴楚七国之乱，加强了中央集权的力量。武帝继续执行削弱诸侯王势力的政策，这种政策有利于巩固国家统一和促进经济发展，在客观上符合社会历史发展的要求和人民群众的利益。

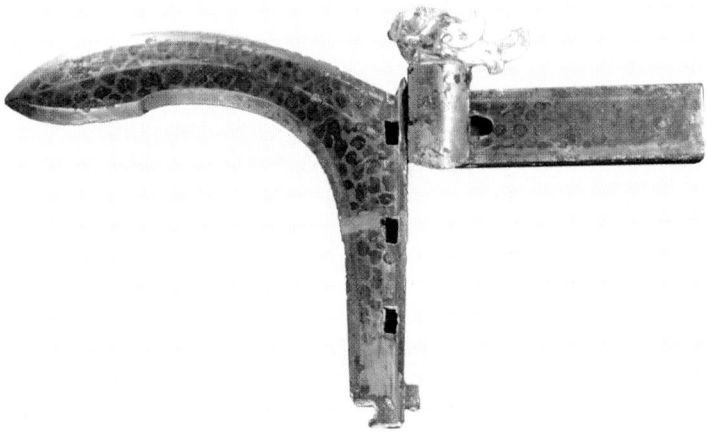

○ 一号墓出土的铜戈

《汉书·景十三王传》记载，武帝初年"大臣惩吴楚七国行事"，"皆以诸侯连城数十，泰强，欲稍侵削，数奏暴其过恶"；而诸侯王则认为，自己无罪，而受臣下侵辱，"有司吹毛求疵，笞服其臣，使证其君"，因而感到冤屈。刘胜就是这种思想的代表人物。武帝建元三年（前138年），刘胜与代王登、长沙王发、济川王明来朝，武帝为之置酒设乐，席间刘胜"闻乐声而泣"，武帝问其为什么要哭，刘胜即席发表了一篇言论，即所谓《闻乐对》，《汉书》载其全文如下：

臣闻悲者不可为累欷，思者不可为叹息。故高渐离击筑易水之上，荆轲为之低而不食；雍门子壹微吟，孟尝君为之於邑。今臣心结日久，每闻幼眇之声，不知涕泣之横集也。夫众煦漂山，聚蚊成雷，朋党执虎，十夫桡椎。是以文王拘于牖里，孔子厄于陈、蔡，此乃众庶之成风，增积之生害也。臣身远与寡，莫为之先，众口铄金，积毁销骨，丛轻折轴，羽翮飞肉，纷惊逢罗，潸然出涕。

臣闻白日晒光，幽隐皆照；明月曜夜，蚊蝱宵见。然云蒸列布，杳冥昼昏；尘埃抪覆，昧不泰山。何则？物有蔽之也。今臣雍阏不得闻，谗言之徒蜂生。道辽路远，曾莫为臣闻，臣窃自悲也。

臣闻社鼷不灌，屋鼠不熏。何则？所托者然也。臣虽薄也，得蒙肺附；位虽卑也，得为东藩，属又称兄。今群臣非有葭莩之亲，鸿毛之重，群居党议，朋友相为，使夫宗室摈却，骨肉

106

冰释。斯伯奇所以流离，比干所以横分也。诗云："我心忧伤，
愿焉如捣；假寐永叹，唯忧用老；心之忧矣，疢如疾首。"臣之
谓也。

刘胜在《闻乐对》中，用了许多典故，词意颇为悲壮。通篇文
意主要为：主张削弱诸侯王势力的"群臣"是"群居党议"的"谗
言之徒"，吹毛求疵，对他进行诬告、陷害，他表示担忧和不安。可
见在这场斗争中，刘胜是站在地方割据势力一边的。《闻乐对》令武
帝有些感动，于是"厚诸侯之礼，省有司所奏诸侯事，加亲亲之恩
焉"。对诸侯王的政策较前宽松了一些。但加强中央集权的力量毕竟
是大势所趋，刘胜的一篇《闻乐对》不能阻止中央削弱诸侯王割据
势力的进程。汉武帝终于在元朔二年采用主父偃的计谋，颁布了
"推恩令"，"令诸侯以私恩自裂地分其子弟，而汉为定制封号，辄别
属汉郡。汉有厚恩，而诸侯地稍自分析弱小云"。刘胜之子被封侯的
有二十人之多，中山国的封地当然也就逐渐"分析弱小"了。元鼎
五年（前112年），刘胜二十个封侯的儿子中，就有十二人因缴纳助
祭贡金斤两成色不合规定而被免国（"坐酎金免"）。可见刘胜死
后，中山国也日趋衰落了。

刘胜的《闻乐对》虽然在政治上不能挽救中山国逐渐缩小、衰
落的命运，但在文学方面的造诣却得到了后人的高度赞赏。唐司马
贞《史记索隐》记载，《闻乐对》"其言甚雄壮，词切而理文"，并因
此认为刘胜是"汉之英藩"，即汉代杰出的诸侯王。也有论者认为，

刘胜之所以"乐酒好内"，以声色自娱，是由于内心深处害怕"汉法严吏深刻"，因而韬光养晦的一种表现。这大概也是从《闻乐对》引发出来的一种观点。

刘胜优于文辞，在文学创作方面的成就，除《闻乐对》外，还有一篇《文木赋》。《西京杂记》（卷下）记载，景帝子鲁恭王余得材质致密的文木，用之做成器具，并十分喜爱它。刘胜为之作赋曰：

> 丽木离披，生彼高崖；拂天河而布叶，横日路而摧枝。幼雏嬴毂，单雄寡雌；纷纭翔集，嘈嘹鸣啼。载重雪而梢劲风，将等岁于二仪。巧匠不识，王子见知。乃命班尔，载斧伐斯。隐若天崩，豁如地裂；华叶分披，条枝摧折。既剥既判，见其文章；或如龙盘虎踞，复似鸾集凤翔。青缃紫绶，环璧珪璋；重山累嶂，连波叠浪。奔电屯云，薄雾浓雾；麋宗骥旅，鸡族雉群。蜀绣鸳锦，莲藻芰文；色比金而有裕，质参玉而无分。裁为用器，曲直舒卷；修竹映池，高松植岉。制为乐器，婉转蟠纡；凤将九子，龙导五驹。制为屏风，郁苿穹隆。制为杖几，极丽穷美。制为枕案，文章璀璨，彪炳焕汗。制为盘盂，采玩蜘蛛（或作"踟蹰"）。猗欤君子，其乐只且！

鲁恭王看了这篇赋，非常高兴，"顾盼而笑"，并送给刘胜两匹骏马。《汉书·景十三王传》补注引沈钦韩的评价说："则胜固优于文者。"

另外，唐代诗人李白有一篇《中山孺子妾歌》，篇中专门有一段对中山靖王刘胜之妾冰的描述："中山孺子妾，特以色见珍；虽然不如延年妹，亦是当时绝世人。"诗中所说的"中山孺子妾"，就是中山靖王的妾，名冰；而延年妹，即是汉武帝宠爱的李夫人，李夫人以"妙丽善舞"著称，李白认为刘胜的孺子妾冰虽然不及李夫人，但也是当时的"绝色佳人"。《汉书·艺文志》曾载："诏赐中山靖王子呤及孺子妾冰未央材人歌诗四篇。"可见刘胜之妾冰擅长歌舞，并具有一定的文学修养，因而获得诏赐歌诗，甚至在数百年后李白还为之专门作歌。

刘胜妻妾众多，那么在二号墓中躺着的究竟是谁呢？前面已经提到，二号墓与一号墓是夫妇并穴的合葬墓，它与一号墓南北并列，这一判断在二号墓的发掘中已得到证实。墓中所出的铜镅的铭文中有"中山内府"字样，出土的封泥铃有"中山祠祀"文字；死者身穿金缕玉衣。根据这些情况判断，二号墓墓主应是中山靖王刘胜之妻，即中山王王后。需要特别提及的是，我们在主室主人放私人用品的圆形漆盒旁，发现了一方铜印，为方形双面印，印文系篆体阴文，一面为"窦绾"二字，另一面为"窦君须"三字。这方铜印应是墓主人的私章，它的发现，使我们确知二号墓的墓主姓"窦"，名"绾"，字"君须"。

中山靖王刘胜是汉景帝的儿子，景帝的母亲窦太后是刘胜的祖母。窦氏是皇室的外戚，很有权势，往往被封为列侯，并娶公主为妻，皇室和窦氏常互通婚姻。史书记载，窦太后是清河观津人，观津县属信都国，故城在今河北省武邑县东南，地望与中山国相距不远。从这些情况推测，王后窦绾与窦太后可能有亲属关系。关于窦绾之名，未见于史书，因此关于她的生平事迹，也无从查考。

○ 窦绾印

○ 窦君须印

6 金缕玉衣与玉器

满城汉墓的发掘，最令人瞩目的无疑是发现了两套金缕玉衣，它不仅向后人直观展现了汉代贵族的生活状况，而且为我们研究汉代的丧葬制度提供了第一手资料。

下面让我们来了解一下这两件玉衣的基本情况。

由于受到棺椁朽灰、漆皮等的叠压，刘胜身上的金缕玉衣在出土时，通体扁平，头部和手、足部也都已变形。

为了便于对金缕玉衣进行修整和复原，我们决定将玉衣原封不动地取出来，并运回室内。在取运的过程中，需特别注意防止玉衣进一步散乱。因此，王振江等同志采取用自制的金属网完整托出的方法，将玉衣分为上身和下身两部分分别进行起取。具体做法是：先按玉衣的大小，用粗铁丝做一方形的外框套在该部分玉衣的周围，然后用一根根细铁丝纵横从玉衣的底下穿过，并把每根细铁丝拉直，然后把细铁丝的两端拧结在外框的粗铁丝上，这样在玉衣底下就形成了一个方格状铁丝网，便于把玉衣平稳地托起；为了防止在装运中造成玉衣的变形或错乱，又在该部分玉衣的上面先铺垫几层麻纸，然后灌注一层厚约两厘米的石膏，把玉衣表面的玉片固定起来。经过这样处理后，玉衣就原封不动地成为一个整体。然后再将外框装进大小合适的木箱子里，顺利地运回室内。

窦绾的玉衣与刘胜的玉衣稍有不同，即玉衣上衣的前后片，玉

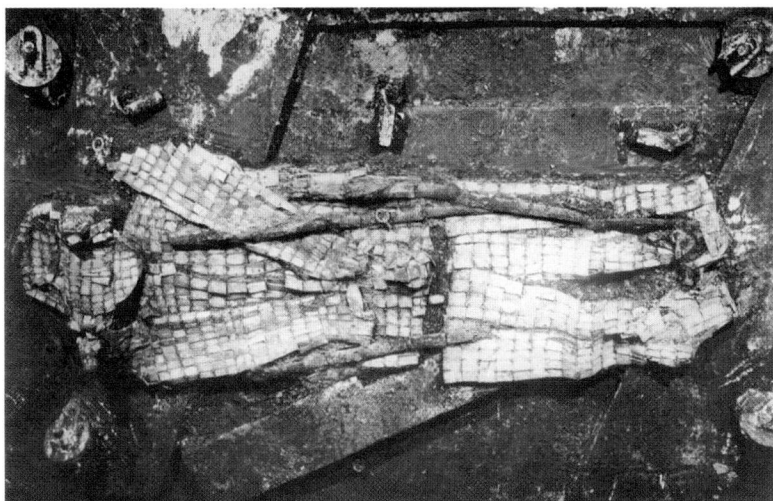

○ 刘胜金缕玉衣出土情况

○ 窦绾金缕玉衣出土情况

○ 修复后的窦绾金缕玉衣

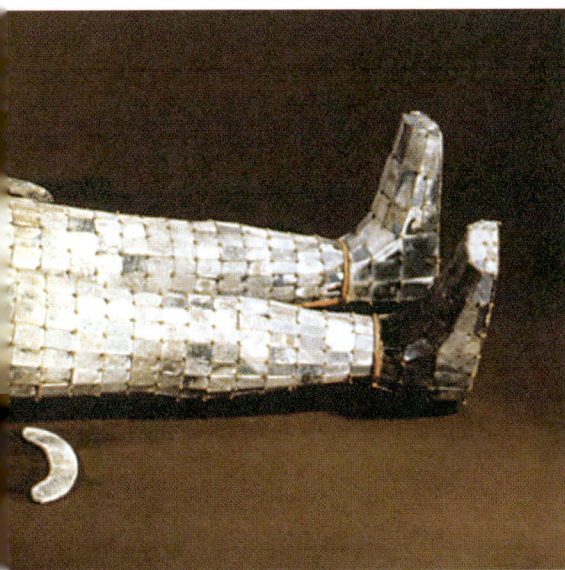

○ 修复后的刘胜金缕玉衣

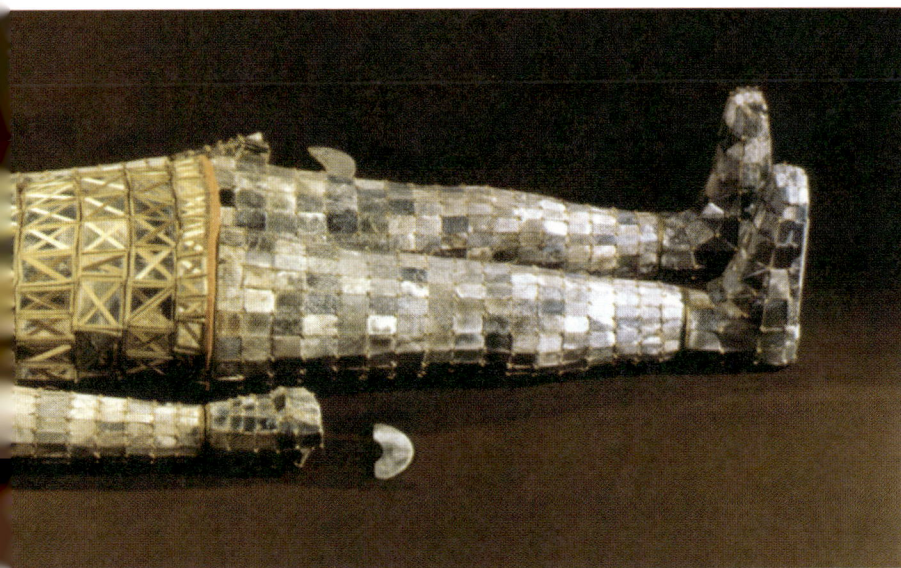

片之间不是用金丝编缀，而是用丝织物编结起来，织物已朽烂，因而在清理时采取另一种起取的办法，即先照相，后绘图，并逐片编号、记录，搞清玉片纵横排数和前后左右以及上下叠压的关系，然后一片一片地起取，包装好运回室内后，再根据线图、照片、编号和文字记录进行复原。同时，玉片上遗留的织物编结痕迹也给复原工作提供了可靠的依据。修复人员经过多方观察研究后，发现原来玉片的排列基本上是对称的，因而先定出一条中线，然后依照资料和玉片上的织物编结痕迹，把玉片对称地排列在中线的两旁，玉片排好后，再按玉片上的织物痕迹，重新用织物把玉片粘贴起来，基本上复原了窦绾玉衣上衣的前片、后片。至于窦绾玉衣的其他部分，玉片之间也都用金丝编缀，与刘胜玉衣相同。

修整复原后的金缕玉衣外形和人体形状相同。刘胜所着的玉衣形体比较肥大，全长1.88米，由2498片玉片组成，编缀玉片的金丝共重1100克左右。玉衣上衣的前片制成鼓起的腹部，腹下有一个用玉琮改制的小盒，是罩男性生殖器用的。后片的下端做出人体臀部的形状，形象逼真。而窦绾的玉衣与刘胜的玉衣相比，形体比较瘦小，上衣有织物纹饰。玉衣全长1.72米，由2160片玉片组成，所用金丝重约700克。上衣的前片和后片不是按人体形状制出，而是做成一般衣服的样子，腹下只用一圭形玉片覆盖住生殖器。这种区别，可能是由于做出女性人体曲线的形象不符合封建传统观念的缘故。

修复后的玉衣可以分为头部、上衣、裤筒、手套和鞋五大部分。

头部由脸盖和头罩组成。脸盖上刻制出眼、鼻和嘴的形状，内侧裱糊一层黄色丝织物，保护死者脸面不被金丝玉片划磨。头罩形如风帽，顶部为一璧形玉片，周围排列带弧边的小玉片，头罩内侧也裱糊丝织物。窦绾头罩两侧还制出两个精致的圆形耳罩。

上衣由前片、后片和左右袖筒组成。玉片的排列基本上是左右对称，纵横成行，形状绝大多数为长方形或方形，只有在体形变化的腹部与大腿相接处，采用各式三角形、不规则四边形。窦绾的玉衣，上衣前片、后片玉片的制作较粗糙，仅表面抛光，背面和边缘未作进一步的加工，有的还留有断折、缺角或锯割痕迹。玉片原系粘贴在裁剪好的麻布衣片上，然后用宽约0.6厘米的细薄丝织物，顺对角线交叉粘贴在玉片上，同时每片玉片的四周也有织物粘贴。此外，整个衣片的周缘也都用织物粘贴的方法包边，经过上述织物粘贴之后，衣片上的玉片完全被编联成一整片，玉片之间的缝隙及边缘也被织物所掩盖，不仅起到了加固作用，而且还产生了装饰的效果。

另外还有裤筒，完全按人腿的形状做出，玉片排列非常整齐。做手套的玉片比较小，做成握拳状。刘胜的手套还用狭长的四边形玉片做出了五指的形状，而窦绾的手套只做出了大拇指的界线，其他四指不太明显。还有鞋，鞋底由三块大玉片组成，鞋帮由各种规格的小玉片组成，鞋后跟当中有开缝，鞋帮可以向两边打开，便于穿着。

玉衣是汉代皇帝和皇室贵族死时使用的殓服。"玉衣"一词最早见于《汉书》。但玉衣究竟是什么形状，古书中并没有记载。在考古资料方面，虽然在新中国成立前就出土过玉衣片，20世纪50年代又陆续发现一些铜缕、鎏金铜缕玉衣的资料，但都是一些散乱的玉衣片，看不到全貌。满城汉墓这两套金缕玉衣，终于能揭开人们对玉衣长期存在的疑惑。

玉衣究竟是如何制作的，我们从一些玉衣片背面残存的墨书编号得到启示。推测可能是用人体模型设计制作的：先在人体模型上画出纵横的行格，根据人体部位的不同，决定玉片的大小和形状，然后逐格编号，制作玉衣片，最后编联成完整的玉衣。刘胜玉衣片的背面，有墨书"三""五"各一片，墨迹浅淡，但仍依稀可辨。

我们看到，在刘胜玉衣里面有18块玉璧，前胸放13块，后背垫5块。前胸正中由上至下由大到小放3块，直径分别是21.2厘米、17.5厘米、16.6厘米，两侧各竖放5块，最大的直径17厘米，最小的直径13.9厘米。垫在后背的5块，当中竖排的3块比较大，直径由上至下分别是21.2厘米、21厘米、19.7厘米，两侧各放的1块较小，直径只有16.3厘米和16.1厘米。这些玉璧的两面都残存织物的痕迹，可能是当时用织物条带通过璧的中孔缠绕四五道，也有可能是用这种条带将彼此相邻的玉璧连接起来。在窦绾的玉衣内，前胸和后背共放置玉璧15块，玉璧的两面也都留有织物粘贴的痕迹。这种在死者胸、背铺垫玉璧的葬制，应是先秦时期用璧、琮殓尸的遗制。

汉代的玉衣与春秋战国时期死者脸部覆盖的"缀玉面罩"和身上穿用的"缀玉衣服"有着渊源关系。1954年至1955年，在洛阳中州路（西工段）发掘的春秋晚期和战国时期的墓葬中，在有些死者的脸部发现许多带孔的玉石片，有的玉石片做成眉、眼、鼻、口的

○ 窦绾玉衣内前胸放置的玉璧的情况

形状，并按五官的位置排列，以象征人的脸部。发掘报告的作者认为："从石片的穿孔和排列位置看，可能是先将石片按一定的形式缀附在织物上，然后覆盖在死者的脸上。"这种判断是符合实际情况的。根据《仪礼·士丧礼》记载，古时覆盖死者的脸部用"布巾""帩目"，裹首用"掩"。东周墓中死者脸部的玉石片，原来可能是缝缀在"布巾""帩目"一类覆面织物之上的。在覆面织物上缝缀玉石片以象征人脸，可以说已具有玉衣脸盖的雏形。至于玉衣的头罩，则应是从裹首的"掩"演变而来的。

在上述中州路墓葬中，还发现有些死者的身上也有一些带孔的长方形玉石片。这些玉石片原来应是缝缀在死者所穿的衣服上的。在死者的殓服上缀附玉片等的习俗，在先秦文献中已可见其端倪。《墨子·节葬下》记载："诸侯死者，虚车（库）府，然后金玉珠玑比乎身。"孙诒让谓："比乎身犹言周乎身。"成书于战国末年的《吕氏春秋·节丧篇》则载："国弥大，家弥富，葬弥厚，含珠鳞施。"高诱注："鳞施，施玉匣于死者之体，如鱼鳞也。"汉代文献《淮南子·齐俗训》亦载："竭国靡民，虚府殚财，含珠鳞施，纶组节束，追送死也。"许慎注："鳞施，玉纽也。"高诱以"玉匣"释"鳞施"，显然是以汉物的名称加在战国的器物上；而许慎释"鳞施"为"玉纽"，文义也不甚了了。但总的说来，"鳞施"应是一种和"玉"有关的服饰，可能就是指缝缀玉片的殓服而言，而这种殓服或即汉代玉衣的前身。

战国时期死者脸上的缀玉覆面和身上的缀玉殓服，虽然和汉代的玉衣有一定的渊源关系，但还不是真正的玉衣。类似满城汉墓出土的、形制完备的玉衣，最早出现于何时，史无明文记载。

玉衣的形制和编缀方法显然受到当时铁质甲胄的影响。完整的玉衣由头部、上衣、裤筒、手套和鞋五大部分组成，其形制可能受到"自首至足无不有铁"的"铁室"的启发。玉衣又称玉匣。据《集韵》，匣、甲同音，故可相假。《汉仪注》中"匣"或作"甲"，"玉匣"似乎可解释为"玉甲"。西汉时期的玉衣，除了用金丝编缀

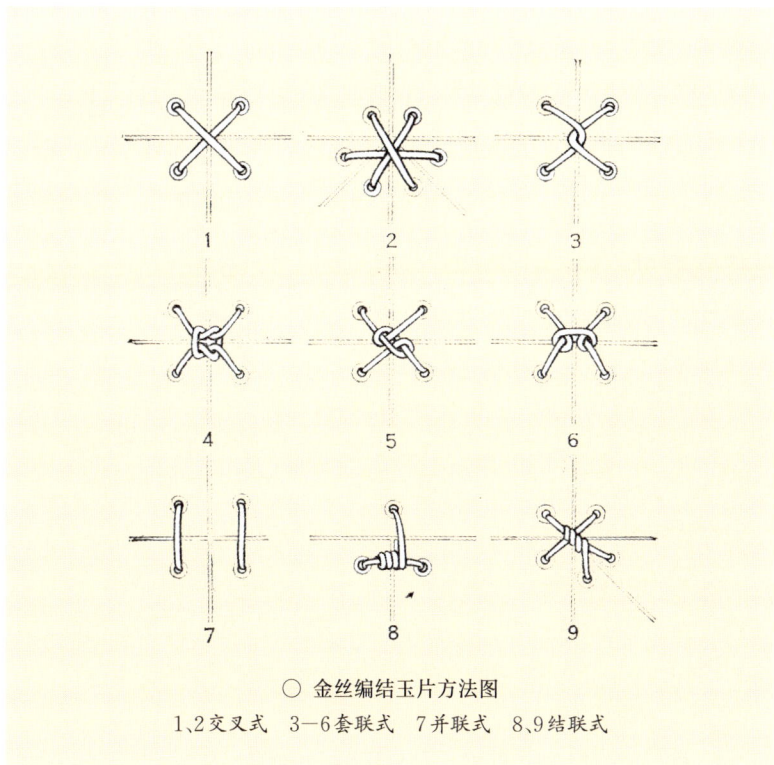

○ 金丝编结玉片方法图

1、2交叉式　3—6套联式　7并联式　8、9结联式

的金缕玉衣外，还有用银丝编缀的银缕玉衣和用铜丝编缀的铜缕玉衣。此外还有个别用丝线编缀的丝缕玉衣。根据《续汉书·礼仪志》记载，汉代皇帝死后使用金缕玉衣，诸侯王、始封列侯、贵人、公主使用银缕玉衣，大贵人、长公主使用铜缕玉衣。但从考古发掘的情况来看，西汉诸侯王和某些列侯也可以使用金缕玉衣。在文献记载方面，《汉书》中只见"玉衣""玉柙"，而没有金、银、铜缕之分的记载，可见在西汉尚未形成严格的分级使用规定。到了东汉时期，玉衣才明确做了金、银、铜缕的分级，确立了分级使用的制度。考古发掘情况也印证了这一点，东汉诸侯王和始封列侯使用银缕或鎏金的铜缕（相当于银缕）玉衣，嗣位的列侯及其相当等级使用铜缕玉衣。

到目前为止，因未发掘到东汉皇帝陵，所以尚未发现东汉时期的金缕玉衣。玉衣是汉代皇帝以及诸侯王、列侯、贵人、公主等皇室成员专用的殓服。非皇室的外戚、宠臣，即使封为列侯，也只有在朝廷特赐的情况下才能使用玉衣，这在当时属于特殊的礼遇。至于其他任何人如违法使用玉衣，则属僭越，要受到严厉惩罚。例如，东汉桓帝时宦官赵忠，其父死后归葬安平，私自使用"玉柙"（玉衣）入葬，被刺史朱穆发觉后，"发墓剖棺，陈尸出之，而收其家属"。

汉代统治阶级使用玉衣作为殓服，可能有以下两个原因。第一，汉人继承并发展了儒家"贵玉"的思想，先秦儒家"比德于玉"，认为玉具有多种美德。从先秦到汉代，天子、王侯等贵族由先前佩玉发展到死后葬以玉衣。第二，汉人迷信玉能保护尸体不朽。汉武帝时学黄老之术的杨王孙曾说："口含玉石，欲化不得，郁为枯腊，千载之后，棺椁朽腐，乃得归土，就其真宅。"《后汉书·刘盆子传》也载，赤眉发掘西汉诸陵，"有玉匣殓者率皆如生"。这写的当然不是事实。满城汉墓内被金缕玉衣包裹的尸骨已完全朽烂。这只是反映了当时人们对玉的崇尚和迷信的思想。

皇帝和皇室贵族殓以玉衣的习俗，只流行于两汉时期。曹魏黄初三年（222年）曹丕作《终制》，禁止使用"珠襦玉匣"，理由是为了避免陵墓被人盗挖。但我们认为可能还有政治、经济方面的原因，这从曹操临终时的《遗令》中可看出。《遗令》说："天下尚未安定，未得遵古也。葬毕，皆除服。……敛以时服，无藏金玉珍宝。"曹丕的《终制》显然遵循曹操的遗训，在当时三国鼎立，天下未定，经济受长年战乱破坏，生产力尚未恢复的情况下，制作玉衣可能成为难以承受的负担。我们在考古工作中，迄今也未发现东汉以后的玉衣。

除了金缕玉衣，满城两座汉墓的后室和中室还出土各类玉器共160余件，可分为丧葬用玉、礼仪用玉、装饰用玉和日常生活用玉等。

我们先来看一下出土的丧葬用玉，比较典型的是"九窍塞"。

古人认为"金玉在九窍，则死人为之不朽"。所谓九窍，指双眼、双耳、双鼻孔、口、肛门、阴茎或阴户。用于填塞或盖住九窍的玉器，称为"玉九窍塞"。

完备的玉九窍塞往往出在使用玉衣作为殓服的墓中，应属汉代高级贵族丧葬习俗的用玉。

刘胜墓的玉九窍塞工艺较简朴，表面只经抛光，未刻纹饰。

○ 一号墓出土的玉七窍塞

　　玉握也称握玉，是指死者两手所握的玉器。西汉中期以前的握玉较为多样化，一种是玉璜及璜形玉器，如西汉早期的徐州后楼山汉墓出土的两件玉握为双龙首玉璜。另一种是玉觿，比如南越王赵眜就是握着两件器形稍有不同的龙形玉觿。而属于西汉中期的中山王刘胜和王后窦绾的握玉为璜形玉器，系分别用夔龙蒲纹璧和凤鸟蒲纹璧改制而成。然而最常见的握玉还是玉猪，如徐州奎山汉墓和巨野红土山汉墓出土的玉猪。

　　汉代的镶玉漆棺在考古发掘中很少发现，而窦绾墓中却出土了一具镶玉漆棺，显得极其珍贵。此棺的内壁镶满玉版，形成一具玉棺，所用玉版共192块。棺的外壁髹漆，并镶嵌26块玉璧，棺盖及两侧壁各镶8块，作两行排列，棺的前、后档各嵌大型玉璧一块。

　　"玉棺"一词也见于文献记载。《后汉书·王乔传》记载，王乔

○　璜形玉握

为叶令时，"天下玉棺于堂前，吏人推排，终不摇动。乔曰：'天帝独召我邪？'乃沐浴服饰寝其中，盖便立覆"。这段记载虽属神话性质，但也可能是汉代人迷信玉棺能使死者灵魂升天思想的反映。同时，汉代人迷信玉能保护尸体不朽，葬以镶玉漆棺，可能也是妄想达到尸体长期不朽的目的。

此外，前面我们讲到在金缕玉衣中铺垫了许多玉璧，《周礼·春官·典瑞》载："疏璧琮以敛尸。"郑注："璧在背，琮在腹。"这些玉璧应是用于敛尸的葬玉，是先秦时期用璧、琮敛尸的遗制。

与丧葬用玉有密切关系的是礼仪用玉，满城汉墓出土的礼仪用玉有玉圭和玉璧。刘胜墓的棺椁之间发现三件玉圭，其中两件为大型玉圭，长18.6厘米、20.8厘米，一件为小型玉圭，长9.4厘米，均为素面。《续汉书·礼仪志》记载，皇帝死后"梓宫"中安放"圭璋诸物"。汉代皇帝的陵墓尚未进行考古发掘，棺椁中是否都安放玉圭

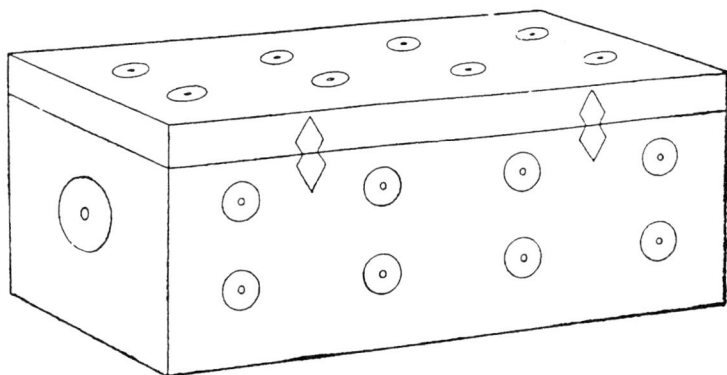

○ 窦绾墓镶玉漆棺复原图

○ 刘胜墓出土的大型玉圭

和玉璋，还不能证实。

玉璧是汉代主要的礼仪用玉，满城汉墓出土的玉璧共69件，不仅数量较多，而且纹饰也较多样化，有单一纹样的谷纹璧、蒲纹璧，也有纹饰分为内外两区的凤鸟蒲纹璧和夔龙蒲纹璧。特别值得一提的是外缘有透雕附饰的双龙卷云谷纹璧，通长25.9厘米，璧径13.4厘米，这是西汉中期出现的具有汉代新的艺术风格的玉璧，雕琢精细，纹饰流畅，造型优美，是汉代玉璧中难得的珍品。这种纹饰的谷纹璧与战国时期外缘有多组动物纹透雕附饰的玉璧有着渊源关系。

东汉时期外缘有透雕附饰的玉璧基本上继承西汉的风格，也只有一组附饰，位于璧的上方。定县北庄汉墓所出的一件谷纹璧，上方的透雕附饰宽广而低平，纹样为双螭卷云纹，这件璧纹饰纤细，线条流畅，虽然在气派上稍逊于刘胜墓所出的透雕双龙卷云谷纹璧，但仍然是一件难得的艺术珍品。定县43号汉墓出土一件同类玉璧，

○ 定县北庄汉墓双螭谷纹璧　　　　○ 定县43号汉墓龙螭谷纹璧

○ 凤鸟蒲纹璧

○ 夔龙蒲纹璧

○ 夔龙蒲纹璧

○ 一号墓出土的双龙卷云谷纹璧

形制稍有差异，璧的上方有透雕的龙螭衔环附饰，两侧对称部位还有透雕的一龙一螭。这件谷纹璧的附饰虽然共有三组，但其中主要的仍然是位于玉璧上方的那一组，两侧的龙螭附饰只起点缀的作用，和战国玉璧的多组附饰在风格上迥然不同。

下面我们来谈一下满城汉墓出土的装饰用玉。

西汉前期由于继承先秦的习俗，在贵族阶层中佩戴组佩之风甚盛。广州西汉南越王墓所出组佩的数量比中原地区同期的诸侯王墓都多，以玉璜和玉环为主要构件的组佩多达十一套。满城中山王刘胜墓中却未发现成组的玉佩，而是以玛瑙串珠替代组佩；王后窦绾墓所出的组佩，由玉蝉、玉舞人（高2.5厘米）、瓶形玉饰、花蕊形玉饰、联珠形玉饰以及玛瑙珠、水晶珠等组成，既无玉环也无玉璜。这些说明西汉中期以后，组佩可能已不像以前那么流行，其组合形式也有变化，玉璜在组佩中似已不占主要地位，其数量也明显减少。玉舞人是汉代贵族妇女喜爱的佩玉，都雕琢出"翘袖折腰"的舞姿，往往出在诸侯王配偶或其亲属的墓中。窦绾墓组佩中的玉舞人，上下各有一小孔，应是编缀在组佩当中起着承上启下作用的主要佩玉。

玉舞人在汉代贵族妇女佩饰中出现和流行，是有其明显的社会历史背景的。汉代是我国历史上音乐舞蹈繁荣发达的时期。中央朝廷设有主管音乐的官署——乐府。皇帝的后妃有些就是歌舞能手。例如：汉高祖的宠姬戚夫人，"善为翘袖折腰之舞，歌《出塞》《入塞》《望归》之曲"；武帝宠爱的李夫人，"妙丽善舞"；成帝的赵皇后，"学歌舞，号曰飞燕"，"能掌上舞"；等等。当时善舞者往往是

○ 二号墓出土的玉组佩

体态轻盈，腰身细弱，着长袖衣，作"翘袖折腰"之舞。"长袖"和"细腰"是汉代舞蹈的两个重要特点。玉舞人的造型，充分表现了这两个特点，因而是汉代妇女翩翩起舞的真实写照。汉代玉舞人不仅是优秀的艺术品，而且也是研究汉代舞蹈的重要实物资料。

鞢形玉佩是汉代流行的一种佩玉。满城汉墓两个墓各出土一件死者生前所佩戴的鞢形玉佩。刘胜的那件出土在棺床上的棺椁之间，长10厘米，宽4.1厘米，厚0.3厘米。窦绾的那件出土在玉衣内，长5.2厘米，宽4.1厘米，厚0.3厘米。

鞢形玉佩是从商周时期的玉鞢演变来的。玉鞢本是古人射箭时戴在右手拇指上用于钩弦的用具，属于实用器具。大约在东周时期，玉鞢逐渐演变为装饰用的佩玉。鞢形玉佩也称鸡心佩或心形玉佩，是男女都可佩戴的玉饰。

以玉饰剑至少可以上溯到西周晚期，而剑和剑鞘上装有四种玉饰的玉具剑到西汉时期才流行。刘胜墓中出土的一把玉具剑，四件玉具纹饰主题皆为螭虎纹，采用浮雕和阴刻的技法雕琢而成，是西汉时期典型的玉具剑。墓中出土的两把铜剑，则只有剑鞘上的玉剑璏和玉剑珌。剑璏长方形，一件饰涡纹，另一件饰勾连谷纹；剑珌略作梯形，一件饰浮雕螭虎纹，另一件饰图案化卷云纹。

满城汉墓出土的日常生活用玉只有印章和带钩两种。满城汉墓共出土了六枚玉印。其中刘胜墓出土了四枚，两枚出于玉衣的左袖内，另两枚分别出在棺椁之间和棺床南侧；而窦绾墓出土了两枚，都出在玉衣胸腹间。

○ 一号墓出土的韘形玉佩

○ 二号墓出土的韘形玉佩

　　中山王刘胜为汉室诸侯王，其玺印制度与《汉旧仪》所载相符。墓中所出的两枚较大的印章皆为白玉质，螭虎纽。其中一枚不仅形制、纹饰与陕西咸阳汉高祖陵园附近所出"皇后之玺"玉印相同，而且印的尺寸也一样，印面皆为2.8厘米见方；另一枚稍小，为2.7厘米见方。这两枚玉印与"皇后之玺"玉印的不同之处是未刻印文。正式的中山王玺印是要传给后代的，不能用于随葬。随葬的这两枚玉印应是按正式王印仿造的，也可能是中央朝廷赐予的。因是用于随葬的明器，所以未刻印文，或原有朱书文字，因年久漫漶不存。较小的两枚玉印，印文为篆体，一枚刻一"信"字，另一枚刻"私信"二字。窦绾墓所出的两枚玉印，都未刻印文。

○　一号墓出土的玉印

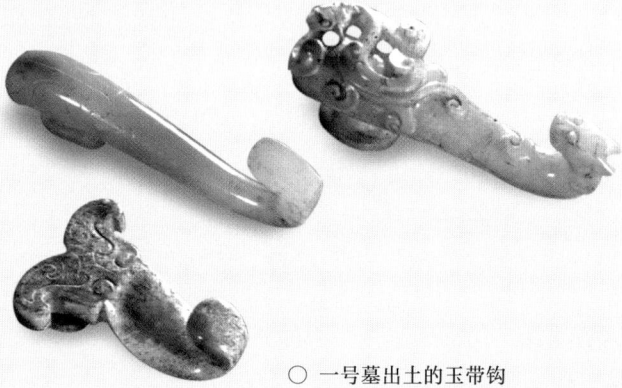

○ 一号墓出土的玉带钩

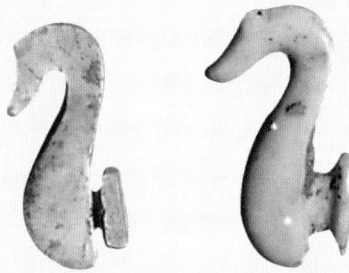

○ 二号墓出土的玉带钩

其次是玉带钩。满城汉墓共出土玉带钩五件，其中刘胜墓出三件，窦绾墓出土两件。这些玉带钩都是用整块玉料雕琢而成的小型带钩，长度不超过6厘米，可能是腰带上用于悬挂饰物、刀剑等的小钩。

满城汉墓出土的玉器，数量和种类都较多，该墓营建于西汉中期，当时西域的和田玉已大量输入内地，促进了玉器制造业的进一步发展，在玉器制作工艺方面也形成汉代新的艺术风格。该墓出土的玉器，除个别为前代遗留下来的旧玉外，其他的在器类、造型和饰纹方面均不见明显的战国风格，因而对研究汉玉来说，是一批十分珍贵的资料。

7 长信宫灯与铜器

满城汉墓共出土随葬品4200多件（套），其中铜器达到600余件，有各种酒器、食器、容器、灯、熏炉和博山炉等。铜器中有不少器物制作精巧、造型优美、纹饰华丽，有些还刻有铭文。

在窦绾墓后室门道内口的西侧，我们发现了一些散落的灯的构件，经过仔细拼合复原，终成一件精美的铜灯，这就是震惊中外的长信宫灯。

长信宫灯通高48厘米，宫女高45.5厘米。这件精美绝伦的艺术品之所以使人折服，原因不仅在于它的结构复杂、设计精巧、形象优美，是一件十分罕见的艺术品；而且在于它的设计十分科学，具有一定的环保意识。它的灯盘可以转动，灯罩可以开合，能够根据需要随意调节照明度和照射方向。烛火的烟炱可以通过宫女的右臂进入体内，使烟炱附着于体腔以保持室内的清洁。

在长信宫灯上，我们发现有九处刻有铭文，共六十五字。其中"阳信家"共出现了六处，另有"今内者卧"和"长信尚浴"等字样。这些字样使我们对长信宫灯的身世作了种种猜测。一开始，我们以为这是阳信夷侯之家的，铭文"长信尚浴"是"长信宫尚浴府"的省略。长信宫是汉文帝的皇后窦氏居住的宫殿，窦氏在景帝时为皇太后，很有权势。但是在1981年5月，陕西茂陵出土了十八件西汉铜器，其中有十六件铭文有"阳信家"字样，而这批铜器的发掘者和研究者都认为，"阳信家"乃是武帝之姊阳信长公主之家，并提出长信宫灯上所刻的"阳信家"也应是阳信长公主之家。我们认为这种看法是可信的。

那么，长信宫灯是如何辗转到窦绾手中的呢？有人认为先是窦太后将此灯赐给阳信长公主，然后由长公主转赠给窦绾。在阳信长公主的铜器中，我们得到了意外的收获。这其中有一件鎏金银竹节铜熏炉，铭文中有"内者未央尚卧"字样以及制造的时间、制造者和赏赐年月等，发掘者认为这是武帝赏赐给阳信长公主的器物，但上面无"阳信家"字样。如果长信宫灯果真是窦太后赐给阳信家的，那么上面应该也有类似的铭文。但是上面不仅没有类似铭文而且有六处"阳信家"字样，这未免让人起疑。而且如果长信宫灯果然是窦太后所赐，那么阳信长公主自当妥善保存，以示荣耀，甚至将它作为随葬品留在身边，怎么可能转赠别人呢？

根据上述情况，我们有理由推测：长信宫灯最初的主人就是阳信长公主，后来她将此灯献给窦太后，灯上才加刻"今内者卧"和"长信尚浴"字样。

鉴于窦绾与窦太后可能有亲属关系，所以不能排除长信宫灯是窦太后赏赐给窦绾的。窦绾将它视为至宝，死后又将它作为贵重的随葬品埋藏在墓内后室中。

出现像长信宫灯这样的青铜器绝非偶然，因为我们还发现了其他制作水平高超的青铜器，充分说明在我国汉代，人们制作青铜器的工艺已经达到了极高的水平。就出土的铜灯而言，也是形式多样，

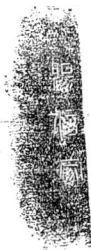

①宫女右臂外侧铭

②灯罩屏板片铭

③灯罩屏板片铭

④灯罩屏板片铭

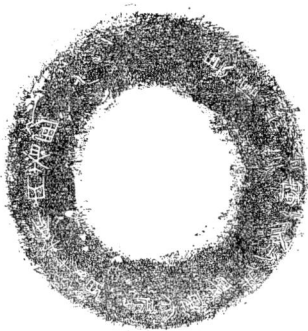

⑤上部灯座底部周边铭

⑥下部灯座外侧铭

⑦灯盘外侧铭

①

②
③
④

⑤

⑥
⑦

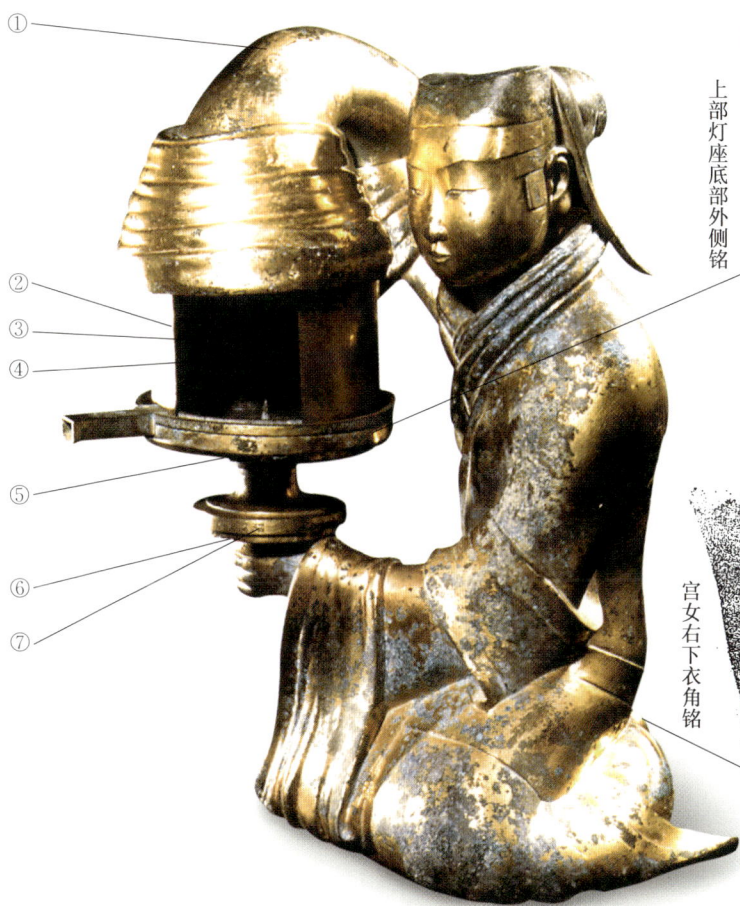

○ 长信宫灯及铭文

○ 二号墓后室长信宫灯出土情况

○ 长信宫灯线图

种类颇多。

三足灯出土于一号墓侧室，灯体自下而上由三足空心炉、灯盘、灯罩和烟道等部分构成，高33厘米。三足空心炉呈扁球形，估计是盛水用的，肩部向上伸出一管状烟道。灯盘作圈足盘形，圈足略大于三足炉的炉口，恰好置于炉上。盘壁有两重，壁间宽0.7厘米，用以插置灯罩屏板。外壁平伸一叶形长把，用于调节照明方向。灯罩为两片弧形屏板，移动屏板可以随意调整灯光的照明度和照射方向。灯盖形如覆钵，置于灯罩屏板上，盖顶伸出管形烟道，烟道弯曲向下和三足炉肩部伸出的烟道相衔接。灯火的烟炱可以通

○ 一号墓出土的铜三足灯

○ 二号墓铜朱雀灯出土情况

○ 二号墓出土的铜朱雀灯

过烟道，溶于炉内水中，以保持室内清洁。灯的各部分可以拆卸，便于经常清除灯内的烟灰。应该说，这件铜灯的设计，已具有一定的环保意识。

铜朱雀灯出土于二号墓中室，高30厘米，灯盘直径19厘米。朱雀作展翅飞状，脚踏盘龙，嘴衔环形灯盘；灯盘为环形凹槽，分为三格，可以同时点燃三支烛火。经中国社会科学院考古研究所实验室鉴定，铜朱雀灯的含铅量达17%以上，比一般铜器为高，所以全器较为厚重，既美观，又平稳。

铜羊尊形灯出土于一号墓侧室。羊身长23厘米，作绵羊跪卧状，造型十分逼真；羊尊的背部和身躯分别铸成，在羊脖后设置活钮，臀部安装一个小提钮，可将羊背向上掀开，平置于羊头上作为灯盘。灯盘的一端有一小流嘴，估计是置灯捻子用的。羊尊的腹腔中空，推测是用于储存灯油的，出土时腹腔内残存白色沉积物，经化验，含有油脂成分，应为油质燃料无疑。古人把羊看成"吉祥"的象征，铜羊尊形灯的制作可能就是这种思想意识的反映。

铜卮灯一对，出土于一号墓主室棺床前。灯上的铭文中有"卮锭"字样。"卮"本是古代一种圆筒形的酒器，灯作带盖直筒杯形，所以名为"卮锭"，"锭"即"灯"。此灯使用时把杯盖上翻，即为灯盘，盘中有烛钎一支，不用时把灯盘倒盖在杯上，便成杯盖，其中一件出土时杯中还有残余的块状物，经化验属于动物脂类。两件大小相同，通高10.6厘米。

铜当户灯一件，出于一号墓中室，铭文作"当户锭"，高12厘

○ 一号墓出土的铜羊尊形灯

○ 一号墓出土的铜卮灯

○ 一号墓出土的铜当户灯

米，作铜俑托灯状，铜俑半跪，右手上举，支托灯盘。"当户"为匈奴官名。

除铜灯外，两座墓所出的用于熏香的熏炉也是各式各样。熏炉中有两件属于博山炉类型。

铜错金博山炉出土于一号墓侧室，通高26厘米，通体错金，纹饰流畅自然。炉身与炉盖为子母口扣合。炉身的炉盘和炉座是分别铸成后用铁钉铆合。炉座的圈足饰错金卷云纹，座把透雕，作三龙腾出波涛翻滚的水面，以头托住炉盘的形状。炉盘饰错金流云纹，盘的上部和炉盖铸出高低起伏、挺拔峻峭的山峦。炉盖顺着山势镂孔。山峦间神兽出没，虎豹奔走，小猴蹲踞在高层峦峰或骑在兽身上，猎人肩扛弓弩巡猎山间或正在追逐逃窜的野猪，还有几株小树点缀在山峦间，刻画出一幅秀丽的自然山景和生机盎然的狩猎场面。

○ 一号墓出土的铜错金博山炉

铜错金博山炉炉盖展开图

铜错金博山炉线图

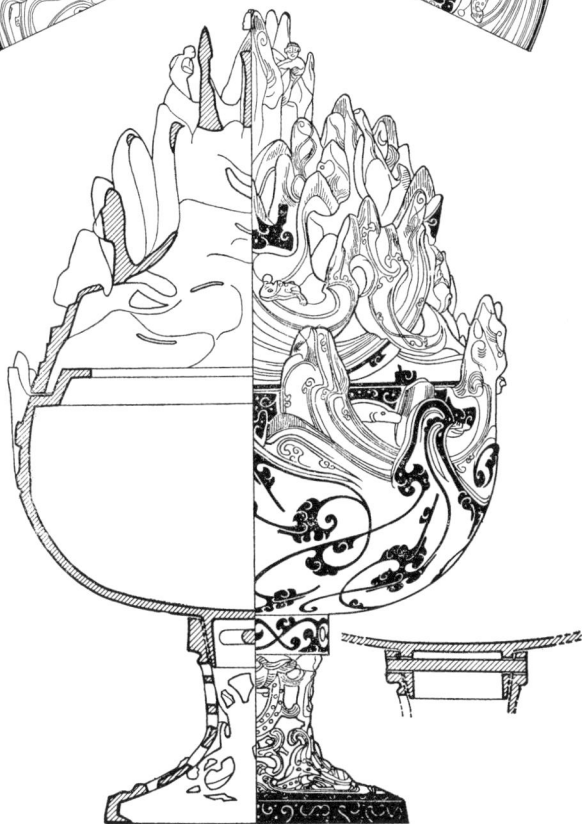

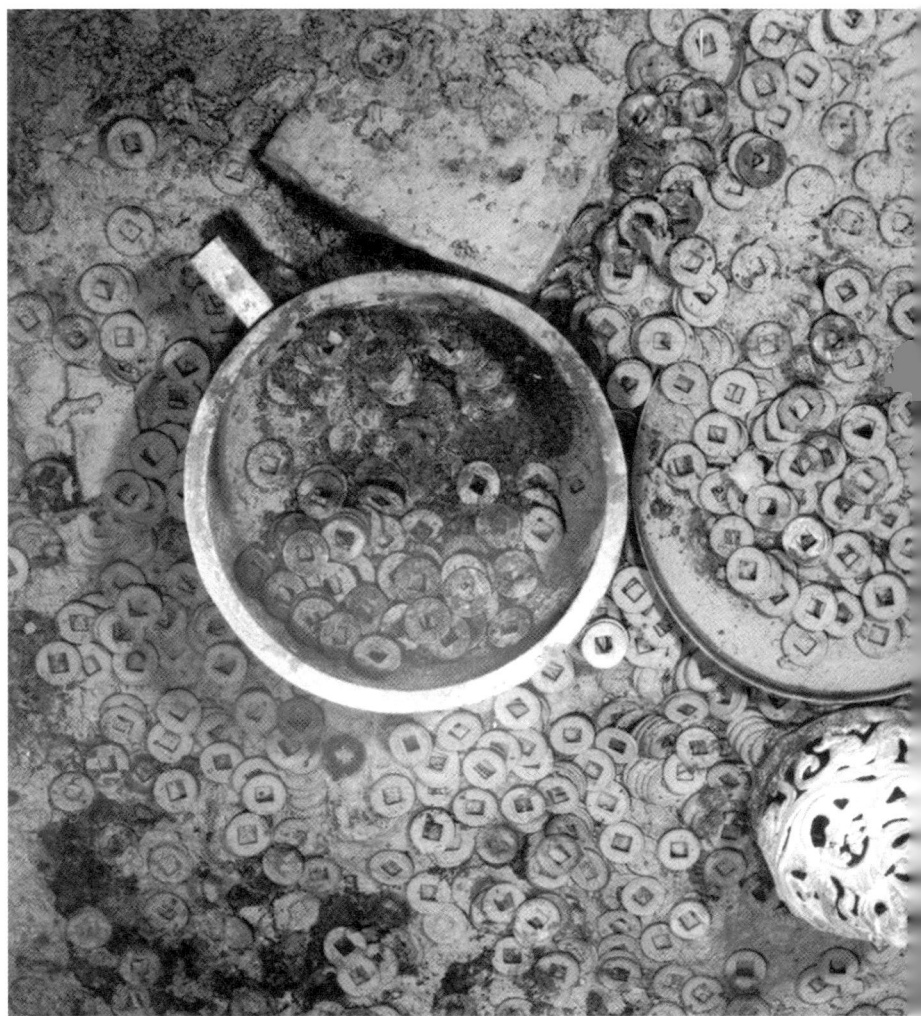

○ 二号墓铜鎏银博
山炉出土情况

○ 二号墓出土的铜鎏银博山炉

铜鎏银博山炉炉盖展开图

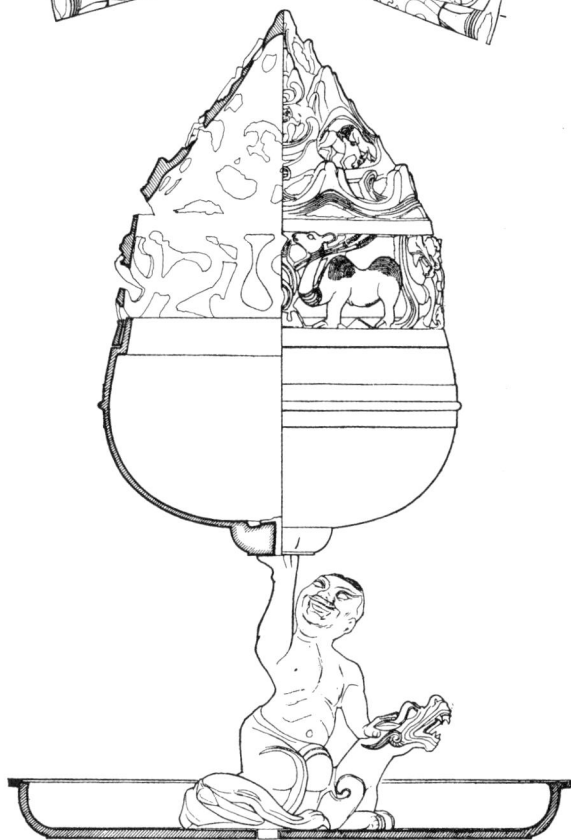

铜鎏银博山炉线图

《西京杂记》记载："长安巧工丁谖者……作九层博山香炉，镂为奇禽怪兽，穷诸灵异，皆自然运动。"这件错金博山炉正反映了汉代能工巧匠的高度智慧和高超的艺术创造才能，是汉代博山炉中最为杰出的作品。

铜鎏银博山炉出土于二号墓，通高32.3厘米，结构也很精巧。与一号墓的博山炉不同的是，炉下有一底盘，底盘中可盛水以象征大海，水汽上蒸，香烟缭绕，博山隐在烟雾中，用以比拟虚无缥缈的仙境。

除了这两件博山炉外，还出土了六件形态各异的熏炉。有的熏炉的炉身作鼎状，三个鼎足做成立兽脚踩朱雀的形状，颇为生动。

在二号墓中室还出土了一件装饰华丽、工艺水平很高的铜朱雀衔环杯。它通高11.2厘米，宽9.5厘米，器形作朱雀衔环矗立于两高足杯之间的兽背上，通体错金，并镶嵌绿松石。朱雀昂首翘尾展翅欲飞，喙部衔一活动的玉环，两足直立于伏兽背上，颈部、腹部镶嵌绿松石四颗。兽作匍匐状，昂首张口，四足分踏在两侧高足杯的底座上。高足杯作豆形，粗把，喇叭形座。杯口与朱雀的腹部两侧相连。杯内外饰错金柿蒂纹，杯座饰错金卷云纹。每个高足杯的外表镶嵌圆形和心形绿松石共十三颗。在朱雀背部与尾部之间的凹槽内有朽木残存。出土时高足杯内尚存朱红色痕迹，推测可能是作为放置化妆品的用具。这件器物制作精美，朱雀和伏兽造型生动，高足杯对称平衡，为汉代出土文物中罕见的艺术精品。

与铜朱雀衔环杯一起出土的有铜鼎、铜钫、铜釜、铜盆、铜牛、

○ 二号墓出土的铜朱雀衔环杯

铜豹、小铜人、骑马铜人等，多数是小型的明器。从出土情况判断，这些器物原来应该是集中装在髹漆的木箱内，并施加封泥封存。其中值得特别介绍的是错金银的铜豹。铜豹共四件，形状、大小相同，长5.9厘米。豹作蜷卧状，昂首张口，身躯用金银错出梅花状豹斑，双目镶嵌玛瑙。体内灌铅，以增加重量。它们应是用于压纸、压书的铜镇，是古代的一种文具。

刘胜是个"乐酒好内"的汉代贵族，这从一号墓中大量出土的青铜酒器中得到印证。例如，有壶、钟、钫、罍、椭圆形杯和橄榄形链子壶等。

蟠龙纹铜壶通高59.5厘米，通体用鎏金、鎏银工艺装饰，光彩夺目。壶盖上有三个鎏银的卷云状盖钮，盖面饰三只鎏金的夔凤，外周有鎏金的宽带和细带纹各一道，盖缘饰鎏银卷云纹。壶身口部和圈足也饰鎏银卷云纹，颈部为鎏金、鎏银相间的三角形

○ 二号墓出土的铜豹

花纹带。腹部的主要纹饰为四条独首双身的金龙上下蟠绕，其间点缀以流畅的金色卷云纹，象征龙在云中。壶身两侧各有一鎏金的衔环铺首。壶的内壁髹朱漆。壶底有"楚大官。糟，容一石"等字样的铭文。在古文献中，"大""太"二字多通用，"大官"即"太官"。据《汉书·百官公卿表》记载，少府"属官有尚书、符节、太医、太官……十二官令丞"。因此，太官即主管膳食的少府属官。我们推测，这件青铜酒器原来应是楚元王刘交家里主管膳食的太官用来盛酒（糟）的，后来刘交之孙刘戊在景帝前元三年因参与"七国之乱"失败而自杀，此壶可能在这时被朝廷没收，以后转赐给刘胜。

○一号墓出土的蟠龙纹铜壶

乳丁纹铜壶通高45厘米，通体施鎏金、鎏银及镶嵌纹饰。壶身口部和圈足上段饰鎏金宽带纹，肩部、腹部和圈足下段饰鎏银宽带纹。在颈部和腹部的宽带纹之间饰鎏金斜方格纹，方格纹的交叉点上镶嵌银乳丁，方格纹中填嵌绿色琉璃，琉璃上画出小方格和圆点。壶身两侧有鎏金的衔环铺首。壶盖上有三个鎏金的卷云状钮，钮上填嵌绿色琉璃，盖上的方格纹和壶身的装饰相同。全壶色彩缤纷，绮丽异常。壶底刻有"甄氏，大官，五斗五升，今长乐食官"字样。从铭文的字体、刻法和内容分析，不是一次刻成的，说明此壶曾属于不同的主人。根据《汉书·百官公卿表》记载，奉常和詹事属下都有食官。奉常"掌宗庙礼仪"，詹事"掌皇后、太子家"。铭文中的"长乐食官"，应为詹事的属官。从铭文判断，这件铜壶曾一度为长乐宫中的器物，属宫廷用物。

鸟篆文铜壶共两件，造型和装饰风格基本相同，壶盖和壶身都用纤细的金丝和银丝错出鸟篆文吉祥语和动物纹带，其中一件通高44.2厘米，壶盖中心饰一条蟠龙，龙的周围有三个卷云状钮，钮间饰鸟篆文十二字。壶身口部、肩部和腹部凸起宽带纹各一周，带上错出由怪兽和云雷纹组成的图案，宽带纹将壶身分为颈部、上腹部和下腹部三段，每段都饰错金银鸟篆文，共三十二字。另一件通高40厘米，壶盖中心也饰蟠龙纹，但盖钮为环形，钮间的鸟篆文只有三字。壶身的口部、肩部、腹部也有凸起的宽带纹，颈部、上腹部和下腹部也都有鸟篆文，但有省字，鸟篆文的笔画也有省略，装饰不如前一件精致。

○ 一号墓出土的乳丁纹铜壶

○ 一号墓出土的鸟篆文铜壶

鸟篆文是我国古代的一种美术字，可用作装饰图案。它是在篆体文字上装饰以象征性的鸟，有的又饰以虫的形状，所以也叫鸟书或鸟虫书。这两件铜壶上的鸟篆文，经学者考释，基本上都能认识，它们原是韵文，或三字一句，或四字一句，句末押韵。文字大意是："心情美好，聚会欢饮，既是盛况，又有佳味；美食可口，充润血肤，延年益寿，万年有余。"可以说是一篇与饮酒聚会有关的吉祥语铭文。

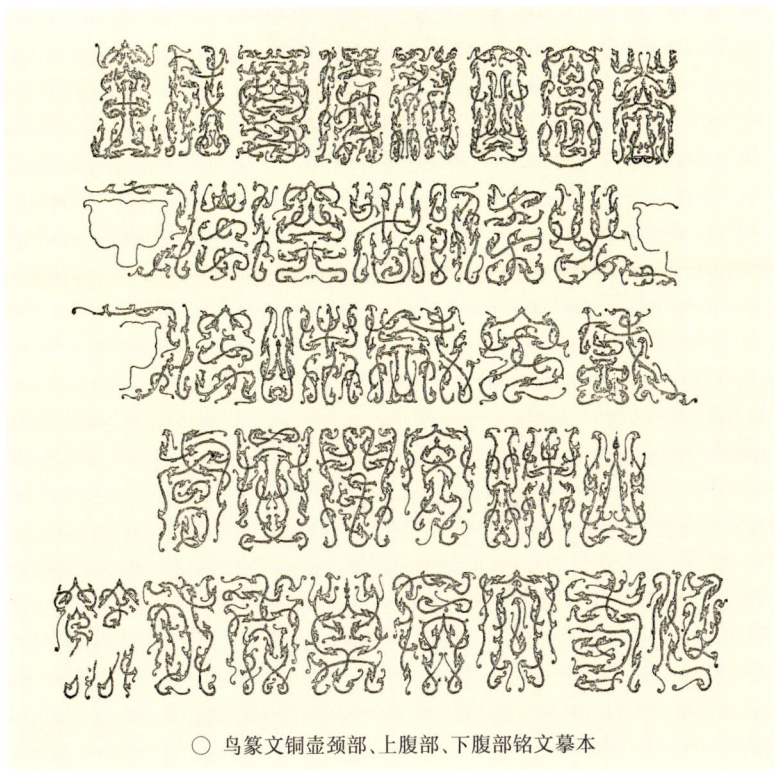

○ 鸟篆文铜壶颈部、上腹部、下腹部铭文摹本

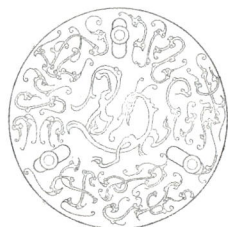

○ 一号墓出土的鸟篆文铜壶

蕉叶纹铜壶，出土于二号墓主室东部，与下述提梁铜壶相距很近。壶高29.9厘米，口微侈，短颈，鼓腹，下附圈足，肩部两侧各有一衔环铺首。纹饰风格与提梁铜壶有相似之处，颈部饰蕉叶纹一周；腹部饰三周由三角纹和卷云纹组成的花纹带，花纹带的上下为绳索纹；圈足的纹饰与腹部花纹带相同。

蕉叶纹提梁铜壶，出土于二号墓主室东部，通高29.8厘米。壶盖微隆起，两侧各有一兽鼻衔环。壶子母口，长颈，圆腹，附圈足；肩部两侧各有一铺首衔环，环上系链索，每侧四节，链索向上穿过器盖两侧的铜环，上端以弓形提梁相联结，提梁两端作兽首形。壶

○ 二号墓出土的蕉叶纹铜壶

盖饰四叶纹和勾连云纹。壶身颈部、肩部饰蕉叶纹和卷云纹图案；腹部有四周花纹带，带内饰蟠螭纹；圈足饰两周卷云纹图案。这种形式的铜壶，在战国晚期的墓葬中也有发现。

○ 二号墓出土的蕉叶纹提梁铜壶

铜钟只一件，高45.3厘米。上腹部有一对衔环铺首，口沿、肩部、腹部及下腹部微凸起宽带纹各一周。肩部宽带上刻铭文："中山内府锺一，容十斗，重（缺文），卅六年，工充国造。"钟盛行于汉代，可用于盛酒浆或粮食。这件刻有铭文的铜钟，可能是刘胜盛酒用的。

铜钫共两件，器形相同，大小也基本一致，高度都是36厘米。器身为方形，小口，鼓腹，高圈足，上腹部有衔环铺首一对。颈部镌刻铭文，其中一件为二十七字："中山内府铜钫一，容四斗，重十五斤八两，第一，卅四年，中郎柳市雒阳"；另一件为二十八字，铭文内容基本相同。可见这两件铜钫，都是刘胜在位三十四年时，派他的属官中郎柳从雒阳（今洛阳）一次买来的。

铜罍，共四件，高34.8厘米至35.7厘米。小口、细短颈、圆鼓腹，矮圈足，上腹部有衔环铺首一对。既可用以盛酒，也可用于装水。一号墓后室的小侧室内的两件铜罍，可能是用于装水的；而出土于中室的两件铜罍，与上述铜钟共出，应为盛酒用的。

椭圆形铜杯，一套五件，造型风格相同，高2.8厘米至9厘米，大小逐渐递增。杯敞口，弧腹，平底。杯的一端有一环形耳，作鎏金的凤鸟形象，凤回首衔住凤尾，形成环形杯耳。杯的口沿和底边鎏金，杯身被四道鎏金竖带均分为四格，杯身和杯底都饰方格图案花纹，并以纤细的云雷纹作为地纹。这套椭圆形杯，制作精致，纹饰华丽，容量大小有别，可能是供不同酒量者使用的酒器。

铜链子壶，壶身似橄榄形，高30.6厘米。盖作覆钵形，盖面饰

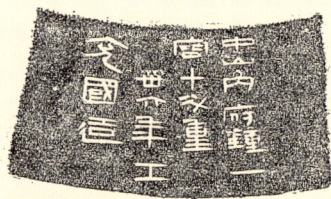

○ 一号墓出土的铜钟

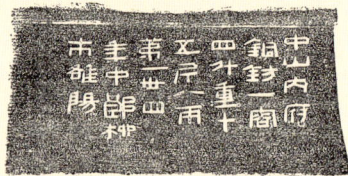

○ 一号墓出土的铜钫

○ 一号墓出土的铜罍

○ 一号墓出土的椭圆形铜杯

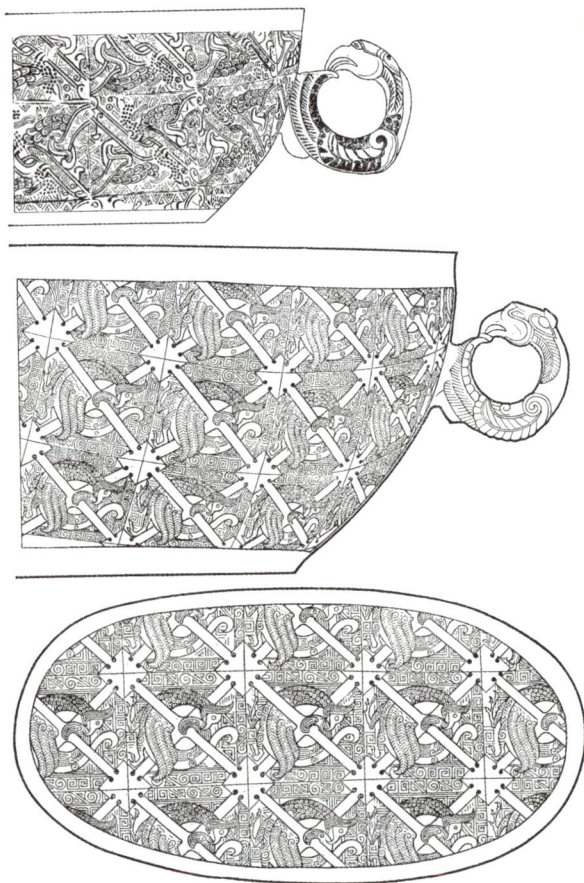

○ 椭圆形铜杯线图

凸弦纹四圈，并有四个对称等距的小环钮，钮上各系一条由七个小环组成的短链，末端的环较大。在壶身的肩部也有四个相应的小环钮，钮上各系长链，长链由64至67个小环组成。长链各穿过盖上短链末端较大的环，而相近的两长链末端又以大环连接，使长链成为左右两组，便于手提，也可以将壶背在身上。开壶盖时，必须将穿于短链中的长链松开，方可将盖挪离壶口。合盖时，将长链从短链中拉紧，利用链环间的卡阻作用，使盖不能自动启开。从这件铜壶的造型结构看，应是刘胜为了外出游玩时盛酒而特意命人设计的一种酒器。

满城汉墓出土的铜器，种类和数量都很多，总数达600件以上。

○ 一号墓出土的铜链子壶

上文述及的只是一些具有代表性的佼佼者，没有介绍的还有不少。限于篇幅，不能一一细说，只能择要补充介绍如下。

铜鼎，共六件。二号墓中室出土的三件都是明器。一号墓中室出土三件，其中一件结构最为精巧，通高18.1厘米。鼎盖似覆盘形，上面有四只等距离站立的小兽。鼎身子口微敛，有两个对称的长方形耳，耳上有圆轴贯穿于一小兽的臀部，小兽为卧伏状，可以翻转，用于固定鼎盖。合盖之前，先将鼎耳上的小兽翻开，合盖时使盖上的小兽对准双耳，然后将耳上的小兽翻向盖上，向左转动鼎盖时，盖上小兽的头部便正好卡在鼎耳小兽上，使鼎盖紧合在鼎上；打开时，将鼎盖向右转动即可。三个鼎足则做成站立的小熊，形象十分逼真。

铜甗，共四件，其中二号墓中室出土的三件都是小型明器。一号墓中室出土的一件，由釜、甑组成，并备一盆，从所刻铭文看出三件为一套。釜高31.2厘米，甑高18.9厘米，盆高16.2厘米。釜为小直口，腹部分为上下两节，上如覆钵，下似折沿盆，上下节用铜钉铆合。肩部有对称的铺首衔环一对，腹部以上鎏金，上刻铭文："御铜金雍甗一，容十斗，盆备，卅七年十月，赵献"。甑为敞口，小圈足套在釜的小直口外，底部安一活动的箅子，腹部有一对铺首衔环，口部、圈足、内壁及箅面鎏金，口沿下刻铭文："御铜金雍甗甑一具，盆备，卅七年十月，赵献"。盆为敞口，口部及内壁鎏金，口沿下有镌刻和墨书的铭文各一处。刻铭为："御铜金雍甗盆，容十斗，卅七年十月，赵献"。墨书铭文只见"御铜金雍甗盆，容十斗"

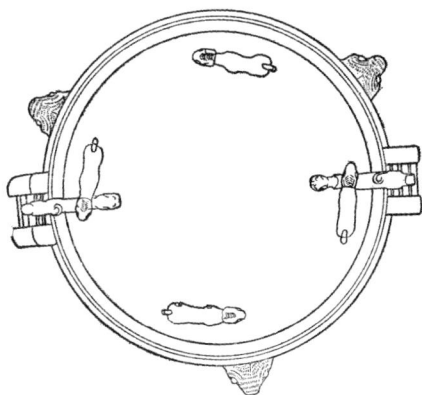

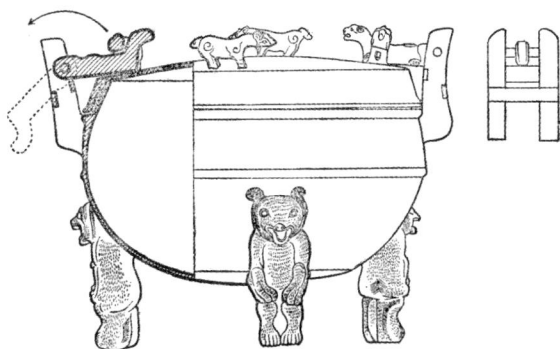

○ 一号墓出土的铜鼎

○ 一号墓出土的铜甂

几个字，以下漫漶不辨。

铜镬，出土于一号墓中室，高22.5厘米，口径41厘米。镬是古代的一种锅。敞口，微鼓腹，上腹部有一对铺首衔环，铺首作蟾蜍形。口沿上刻铭文一行二十三字："中山内府铜镬，容十斗，重卅一斤，卅九年九月己酉，工丙造"。从铭文可以看出，这件铜镬是刘胜死前三年制造的。

同时墓中还出土了樽、盘、耳杯等漆酒器，还有琉璃耳杯以及许多陶制的大酒缸，在此不一一赘述了。

我们在窦绾墓中还发现了一套刘胜夫妇宴请宾客时行酒令的玩物，四十枚"铜钱"和一件铜骰子。这些"铜钱"直径有3.3厘米，

○ 铜镶铭文拓片

○ 一号墓出土的铜镶

圆形方孔，正面铸篆体阳文，背面平素。其中二十枚分别铸"第一"至"第廿"，但独缺"第三"，多一枚"第十九"，而这枚"第十九"比其他的大一些，直径有3.7厘米，我们推测这枚是用来补"第三"之缺。另外二十枚合铸一篇韵语，每枚铸一句，每句三四个字不等。

这套"铜钱"出土时已经散乱，前后次序也已不明。为此，我们特意将这些"铜钱"的拓片送给郭沫若院长，请他研究考释。郭院长经过几天的反复排比研究，按韵脚和文义整理出这篇韵语，并将这套"铜钱"定名为"宫中行乐钱"。现将这篇韵语的全文抄录

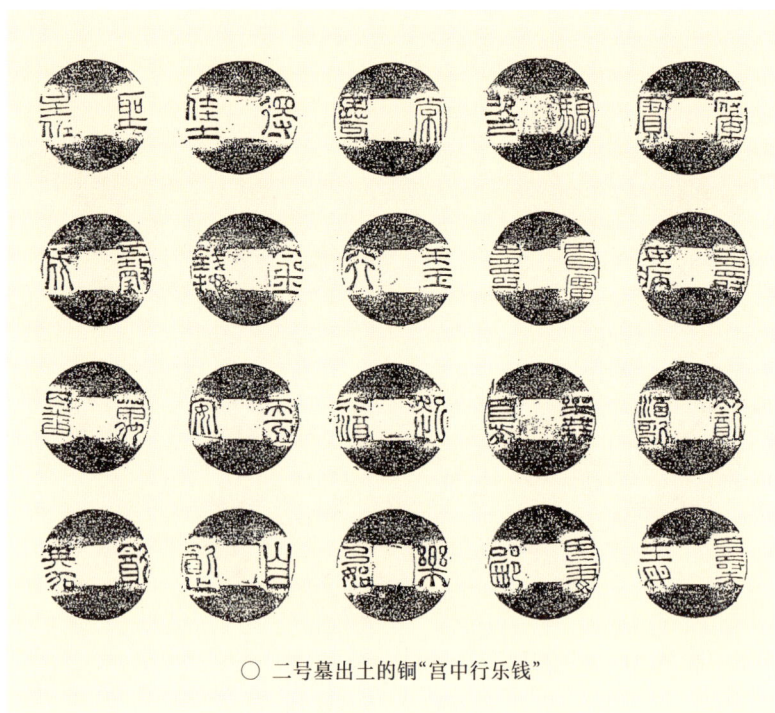

○ 二号墓出土的铜"宫中行乐钱"

如下：

> 第一，圣主佐；第二，得佳士；第三，常毋苟；第四，骄
> 次己（疑读骄恣己）；第五，府库实；第六，五谷成；第七，金
> 钱扡（扡读为施）；第八，珠玉行；第九，贵富寿；第十，寿毋
> 病；第十一，万民番（番假为蕃）；第十二，天下安；第十三，
> 起行酒；第十四，乐无忧；第十五，饮酒歌；第十六，饮其加；
> 第十七，自饮止；第十八，乐乃始（谓奏乐开始）；第十九，田
> 田妻鄙（田田，指蕃盛貌，妻鄙犹言妻党、妻族）；第廿，寿夫
> 王母。

这种"铜钱"过去也零星发现过，曾被误认为秦代的"权钱"，或被疑为镶嵌于宫殿壁间的"列钱"。这种酒令铜钱的发现，为汉代生活研究增添了新的资料。

让我们再来看看铜骰子。骰子通体错金银，直径2.2厘米，共有十八面。其中十六面是"一"至"十六"的数字，有一面为"骄"字，与其对称的一面为"酒来"二字。这种铜骰子在古代金石著作中已有所记载。据陈直先生在书中所言：1948年西安汉城遗址也出土了一件类似的铜骰，但有一面刻有"自饮"二字。从铜骰上所刻数字和"酒来""自饮"等铭文考察，这种铜骰也应属酒令铜器。窦绾墓的铜骰子与"宫中行乐钱"一起出土，二者可能是行酒令时配合使用的一套玩物。此外汉墓中还曾出土过木质的骰子，如湖北江

陵凤凰山十号西汉墓和湖南长沙马王堆三号汉墓曾出土木骰，其形制、刻文与铜骰基本相同。但是马王堆三号汉墓的木骰是与博具同出，说明这种骰子也能与博局配合使用。

在墓中发现铜镜共有四面，一号墓出土一面，二号墓出土三面。

草叶纹镜出土于一号墓主室漆奁内，径20.7厘米。圆钮，四叶座，座外双方栏，其间有铭文十五字：“长贵富，毋事，日有熹，常得所喜，宜酒食”。栏外对称排列四乳和草叶纹，周缘饰连弧纹。

四乳兽纹镜，出土于二号墓主室漆盒中，径25.4厘米。三弦钮，圆形钮座。地纹为粗涡纹，主要纹饰分为内外两区，以四乳四叶纹和凹弦纹带隔开。内区为蟠龙纹，外区为神怪双手持龙纹。

蟠螭纹博局镜，出土于二号墓棺内漆奁中，径18.4厘米。桥形钮，方形钮座，座内有二龙环绕。雷纹地，主纹为蟠螭和规矩纹。钮座外两凸弦纹之间有铭文十五字：“大乐贵富，得所好，千秋万岁，延年益寿”。

连弧纹镜，出在窦绾玉衣左手中，径4.8厘米。桥形钮，钮外环绕一龙纹，周缘饰连弧纹。此镜小巧玲珑，应是窦绾随身携带的镜子。

○ 二号墓出土的四乳兽纹镜

○ 一号墓出土的草叶纹镜

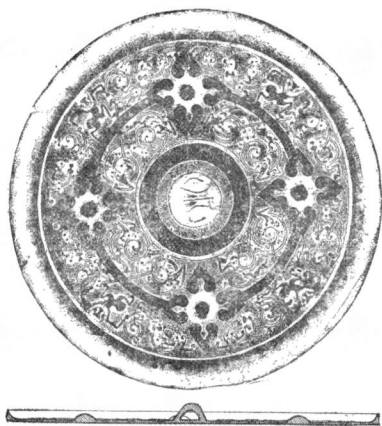

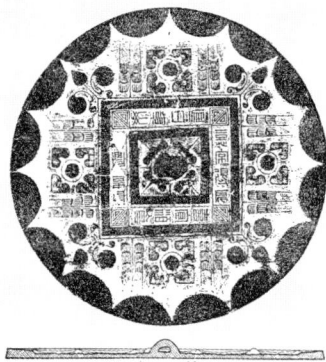

○ 二号墓出土的蟠螭纹博局镜　　　　○ 二号墓出土的连弧纹镜

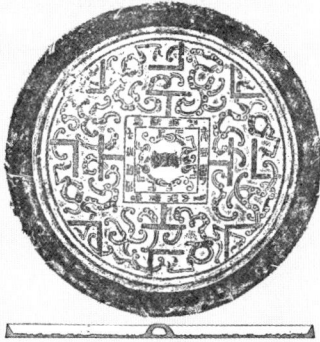

8 玉具剑与铁器

满城县，汉代称北平县。根据《汉书·地理志》记载，西汉时期北平县设有铁官，满城汉墓出土的铁器，多数可能是本地制造的。部分铁器经过科学检验，证明西汉时期铸铁炼钢技术有了新的发展。

满城汉墓共出土铁器600余件，主要包括武器、生产工具和生活用具等类。一号墓出土的铁器近500件，其中武器占很大的比重，现择要介绍如下：

玉具剑，出土在刘胜墓主室棺床上，从出土情况和位置观察，原来应该是放在棺椁之间，是一把铁质的长剑，通长105.8厘米，剑身长88厘米。剑身普遍遗留绢裹的痕迹，绢外附有朽木，当为木鞘的遗物，出土时鞘上还附有细长的金片，可能是木鞘上的饰物。剑

○一号墓出土的玉剑饰

茎顶端的玉剑首为圆形，中央突起，并阴刻卷云纹，周围浮雕两只身躯修长的螭虎；剑茎与剑身之间的玉剑格断面为菱形，一面浅浮雕卷云纹，另一面浮雕螭虎纹；剑鞘上的玉剑璏为长方形，上面浮雕一只矫健的螭虎；剑鞘末端的玉剑珌略作梯形，两面浮雕五只活泼的螭虎。

所谓玉具剑，是指首、格、璏、珌四种玉饰齐备的剑，一般是铁剑。典型的玉具剑流行于汉代，《史记》《汉书》和《后汉书》中都有关于玉具剑的记载。它是汉代皇室贵族和富家子弟喜欢佩带的武器，两汉的皇帝还曾以玉具剑作为贵重礼品赏赐给匈奴单于。满城一号墓出土的这把四种玉饰齐备的铁剑，是我国考古工作中首次发现的保存完整的汉代玉具剑。

带鞘铁剑，共两件，都出在刘胜玉衣腰部右侧，应是他生前随

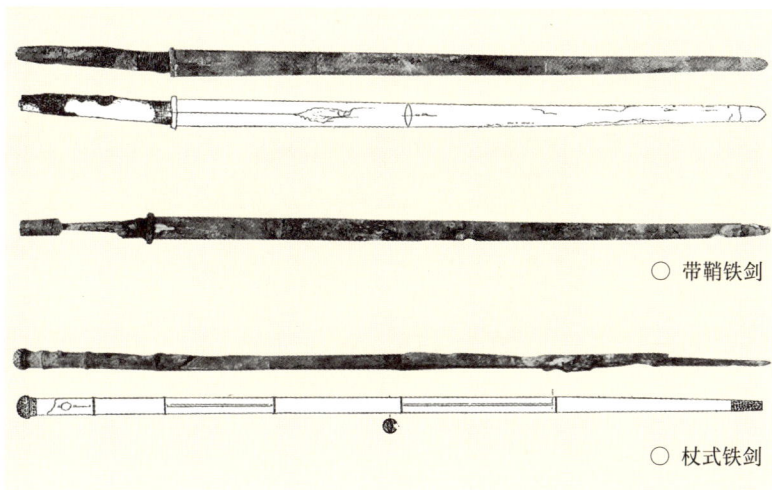

○ 带鞘铁剑

○ 杖式铁剑

玉剑首

玉剑璏

玉剑珌

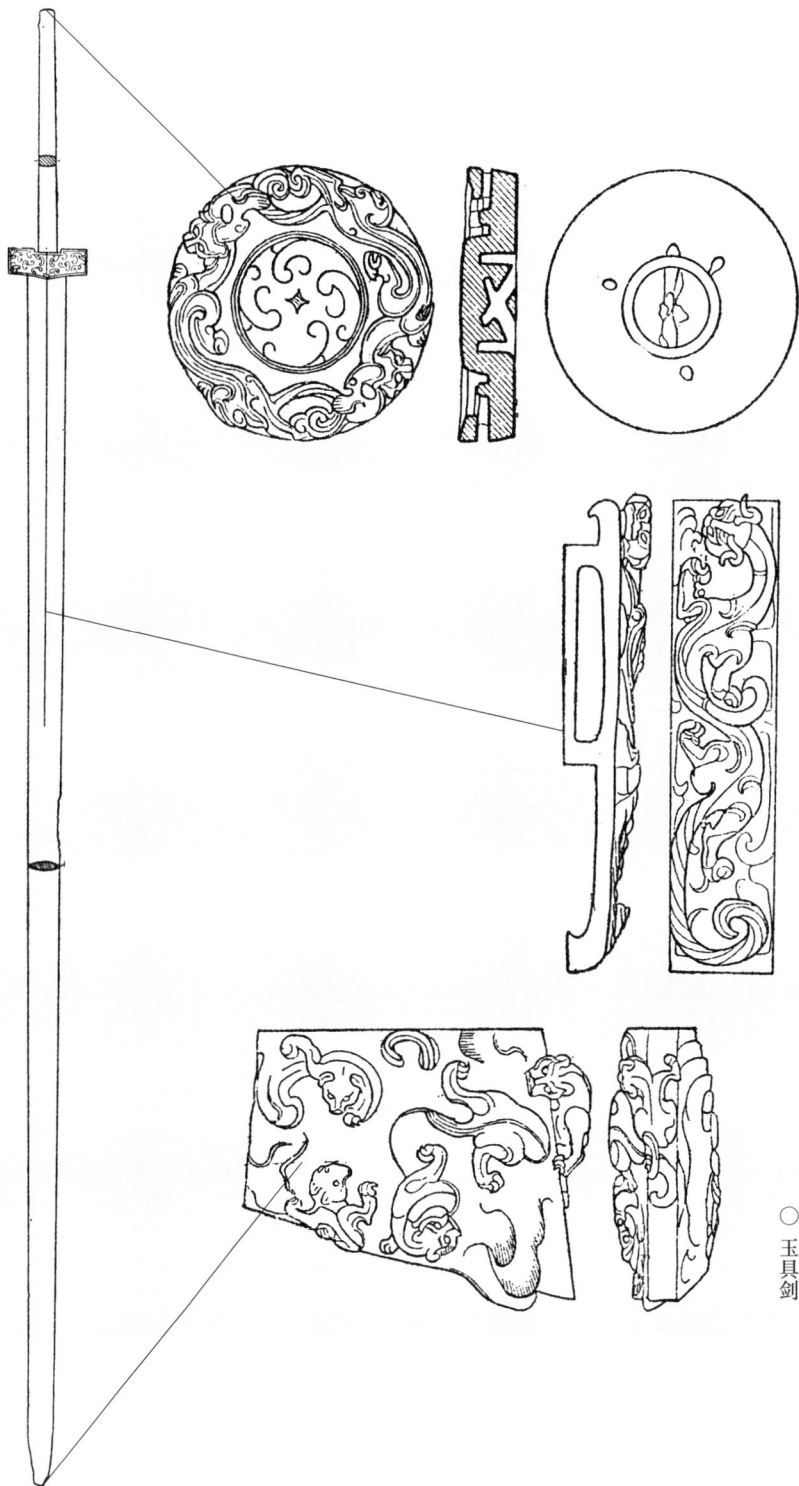

○玉具剑

身佩带的武器。这两把剑的剑鞘保存完好，带鞘长度分别为104.8厘米和111.3厘米。剑鞘是由上下两片夹木合成，外面用丝线缠绕，然后再髹褐色漆。剑茎上夹木亦由上下两片合成，外缠丝绳为缑。其中一件经金相考察，为块炼渗碳钢经多次加热、渗碳，反复锻打而成的钢剑。刃部又经局部淬火，致使刃部硬度很高，脊部硬度较低而有韧性，具有刚柔结合的优良性能。

杖式铁剑，出土在刘胜墓主室棺床前，长114.7厘米。剑身细长，全剑纳于一木杖中，木杖雕作竹节状，共六节，上部竹节粗短，下部细长。在第二节与第三节的连接处可以分开，上两节为剑柄，下四节为剑鞘。杖首、杖末均有铜饰。杖首铜饰为半球形，上面饰凸起的鎏金星云纹；下缘饰鎏银雷纹，并做出一个鎏金的竹牙。杖末铜饰为上大下小的圆筒形，施以阴刻的鎏银雷纹。此剑的造型、结构较特殊，既是武器，又可用作手杖。

带鞘铁刀，出土在刘胜玉衣左侧，刀的末端残缺，残长62.7厘米。刀首为环形，外面用宽4毫米的长带状金片包缠。刀茎外夹木片，先用麻缠紧，并涂褐漆，然后外面再缠绕丝缑。刀鞘保存完好，是用二木片挖槽合成，先以麻线缠紧，再裹多层丝织物，最后髹朱红色漆，作出绦带缠绕状。鞘的上部附一金带扣，应是佩刀时用的。此刀的制作工艺十分讲究，从其出土位置考虑，应该也是刘胜生前随身佩带的武器。

铁匕首，与玉具剑同出于刘胜的棺椁之间，长36.7厘米。器身扁平，中脊隆起，两面都镶嵌金片花纹，一面作火焰纹，另一面类

○ 带鞘铁刀

○ 铁匕首

○ 一号墓出土的铁矛的铜镈

○ 铁戟

○ 铁戟的铜镦

似云纹。环首和格系用银基合金制作，并钿嵌金片，分别作卷云纹和兽面纹。

铁矛，出土于刘胜墓主室南壁前，长21.9厘米。矛身扁平似柳叶形，下有安插木柲的圆箍，箍上饰一小鹰，喙钩与筒体形成小孔，用于系缨。矛的下端有铜鐏，鐏的上部作圆筒形，下部似蹄足，中部饰浮雕兽首，细部用错金勾勒，其他部分饰错金流云纹，纹饰生动流畅。从矛与鐏出土时的距离测算，这件带铜鐏的铁矛全长约196厘米。

铁戟，共两件，都出土在主室南壁前。戟略作卜字形，援、刺和胡部都带木鞘，保存尚好。鞘是用两木片对合而成，外缠麻线，

○ 铁铠甲复原模型

○ 出土时的铁铠甲

193

再髹褐漆。戟的秘是积竹组成的，上端有铜质的圆筒形秘帽，下端有长筒形铜镦，镦的断面为五边杏仁形。从戟与镦出土时的距离测算，这两件铁戟的全长分别为226厘米和193厘米。其中一件戟的援部经金相和电子显微镜考察，和上述钢剑一样，是经多次加热渗碳，反复锻打而成的钢戟。

铁铠甲，出土于主室西南部，捆成一卷放置，甲片完全锈蚀在一起，上面还残存两道捆绑的麻绳，底部有铺垫草席的痕迹。经过细心的修整复原，这件铠甲为方领，对襟开口，短袖，共由2859片甲片连缀而成。甲片是由纯铁热锻制成，一种呈槐叶形，另一种为圆角长方形；前者组成铠甲的前后身，后者编缀成短袖和垂缘。从甲片上残存的朽迹观察，铠甲原有皮革和绢两层衬里，领口、袖口、衣襟、垂缘的边缘也都有皮革和织锦两层包边。复原后的铠甲模型长约80厘米，腰围约115厘米。

除上述铁兵器外，刘胜墓出土的铁器中，用于取暖的铁炉也很有特色。

圆形铁暖炉，共三件，形状基本相同。其中一件出土于主室棺床前，另两件出土在北耳室南部。出土时都已残破，主室所出的一件保存较好，经修整复原，为带盖圆形三足暖炉，通高25.3厘米，口径16.2厘米。炉盖形似覆钵，顶部有一环钮；炉身敞口，直壁，平底；下设承灰盘，盘沿开一缺口，以便于清除灰烬；三足为直条形。盖和炉壁、炉底都有镂孔。炉壁的四个环钮各系一条长链，相邻的两条长链，顶端以桥形提手相连接，形成两组提链。出土时还

○ 一号墓出土的圆形铁暖炉

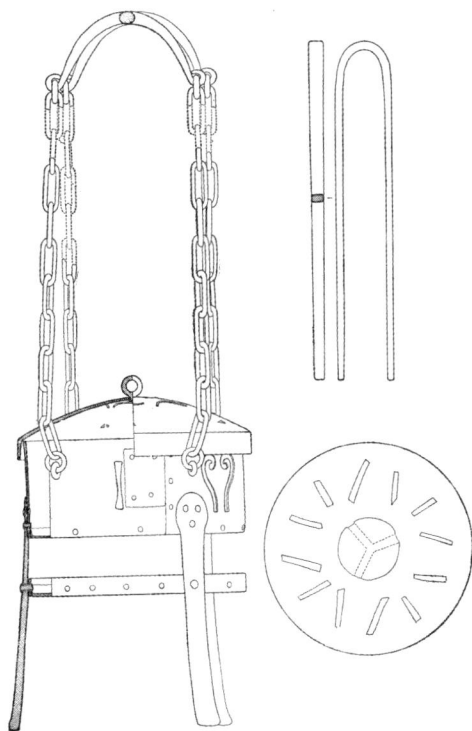

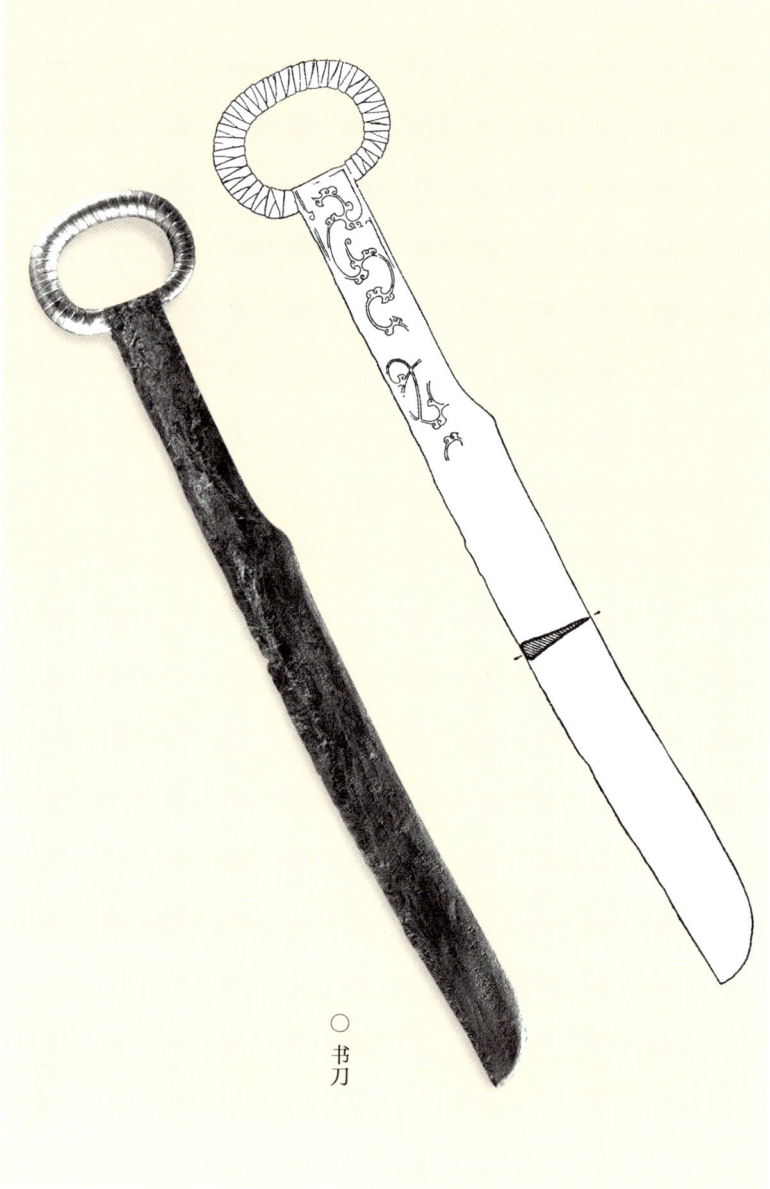

○
书
刀

附有铁火筷，作马蹄形双股式，是与铁炉配套使用之物。

方形铁暖炉，共两件，形状基本相同，大小略有差别，都出土于北耳室南部。炉为长方形，口大底小，有四个蹄形足。四壁有六个长方形镂孔，底部有十八个镂孔。两长壁外侧各有两钮，当为提挪方便而设。较大的一件高20.8厘米，长52.9厘米，宽35.7厘米。二号墓也出土一件方形铁暖炉，其形状、大小与这件基本相同。

此外，满城两座汉墓都出土许多环首的小铁刀。这些小刀有的有纤细的错金纹饰，有的环首为金质或包缠金片，有的刀鞘为象牙制成，并雕镂精美的纹饰。个别小刀经金相观察，证明是由低碳钢渗碳叠打而成，再经过表面渗碳，最后刃部局部淬火，使刃部硬度高而锋利，其他部位硬度较低而具有较强的韧性。这种小刀出土在棺内或棺椁之间，制作精致，器形小巧，一般长十几厘米，应是用于刊削简牍的书刀。

9 西汉文明

汉代是中国历史上的鼎盛时期。《史记·平准书》记载：汉武帝时"都鄙廪庾皆满，而府库余货财。京师之钱累巨万，贯朽而不可校。太仓之粟陈陈相因，充溢露积于外，至腐败不可食"，说明在当时的中央集权下，人民群众创造了丰富的物质财富。

正是社会财富丰富，从而推动了科学技术的进步，这可从两墓中发现的大量精美器物和具有高科技含量的文物中看出端倪。

前文所述，墓中出土了大量制作精美的青铜器，比如长信宫灯等，它不仅制作精美，而且具有一定的环保意识。从其制作的工艺和科技含量而言，已经达到了相当高的水准。

刘胜夫妇墓出土的铜制武器中，数量最多的是弩机和箭镞。弩机共出土39件，其中18件是实用的，21件是专为随葬而制作的明器，形体很小。实用的弩机，在结构原理和制作技巧上都达到了很成熟的地步。弩机由郭（机身）、牙、钩心、悬刀、键等部分构成。牙、钩心和悬刀，用两个键安装在机身上。牙的前部为两齿，是供发射时挂弦用的；其后部凸起的部分叫"望山"，是发射时瞄准目标用的。

这两座墓出土的铜弩机，与战国时期的弩机有所不同。战国时期的弩机一般没有铜机身，而是把牙、钩心、悬刀等直接安装在木质的弩臂上，因而往往承受不了太强的弓弦拉力，使弩的远射效能受到影响。而这两座墓的弩机都有铜机身，可以承受更强的弓弦拉力，所以远射效能比战国弩机大大加强了。计算弩的强度的单位叫作"石"，也就是张弓引满时所需的重量。根据汉简和古书记载，弩有一、三、四、五、六、七、八、十、十二石等数种，最常用的是六石的弩。

需要特别介绍的是刘胜墓中出土的一件望山上带有刻度的铜弩机，这件弩机的望山比较长，在其后侧有刻度，共刻五度，分别用错银和错金来标出一度和半度，而且非常精密，度距从下往上递减，从7.5毫米递减到6.5毫米。望山顶部也有错金和错银两道线。望山上的刻度是为了瞄准远近不同的目标。宋代杰出的科学家沈括曾对此作出了科学的解释，并称赞这种设计为："设度于机，定加密矣。"夏鼐先生认为，这种带刻度的望山"犹如近代来复枪上的定标尺。

○ 一号墓出土的铜弩机

○ 一号墓出土的三棱形铜镞

古代算学称直角三角形的短边为'勾'，长边为'股'，所以望山是'勾'，由望山底部至镞端（箭的尖头末端）是'股'，二者成为勾股的关系。因为箭射出后受地心吸力和空气阻力的影响，飞行的路线不能完全作直线，而是作近于抛物线的曲线前进，所以要依目的物的远近，射者的视线要由望山上某一点通过镞端而对准目标，箭射出后可以射中目标，而不致偏低"。

铜镞表面的处理方法也具有高超的工艺水平，刘胜墓后室出土的三棱形铜镞，稍加去锈后即光亮如新。经北京钢铁学院（现北京科技大学）金相实验室金相观察，证明是铸造锡青铜。"铜镞表面锈蚀较少，有一层致密的灰色保护层。X光荧光分析及电子探针分析表明，表面氧化物层含有铬，平均约2%。电子探针表明，铜镞内部及腐蚀坑内残存的铜绿腐蚀物中不含铬，而表面层中含有铬，其含量随铜含量变化，含铜多处含铬较少，仅0.2%左右，而铜低锡高处铬含量可达5%。这些结果表明，铜镞曾用含铬化合物进行表面处理，以获得耐蚀耐磨的表面层。同样结果曾在秦始皇陵东侧陶俑坑中出土的部分不锈蚀的青铜箭镞表面观察到。现代工业中常常使用铬盐（如重铬酸钾）水溶液对铜、锌等在沸点进行处理，在铜表面产生灰色保护层。秦汉劳动人民已经利用红矾（即重铬酸盐）对青铜器进行了处理，获得了良好的效果，经过两千多年土壤腐蚀，表面光洁如新。满城汉墓的铜镞个别虽有蚀斑，但绝大部分灰色表面完好，它充分表现我国古代劳动人民的智慧和卓越技术。"汉代这种先进的表面处理技术，显然是继承了秦代金属工艺的优良传统。

在铁器方面，满城汉墓出土了许多手工业工具和农具，这些都是当时劳动人民使用的生产工具，是研究汉代手工业和农业发展的重要实物资料。窦绾墓出土了一件大型铁犁铧，该犁铧高10.2厘米，脊长32.5厘米，底长21厘米，宽30厘米，重3.25公斤。经检验为灰口铁和麻口铁的混合组织，铧的尖部为麻口铁组织。麻口铁正是适合于制造犁铧这一类农具，这说明汉代工匠在实践中不仅生产各种农具，而且已经掌握了各种铸铁的性能，生产出不同类型的铸铁来满足不同的要求。同时，这种大型铁铧比刃部用铁的V形铧更先进，是当时实行牛耕、深耕的实物证据。

此外，刘胜墓出土的一件车𫐄，经检验是由铸铁铸造的，它的金相显微组织是灰口铸铁，由它制成车𫐄，具有较高的耐磨性和较小的摩擦阻力。它是我国考古发现的最早的灰口铁铸件之一。

还有窦绾墓出土的一件锄内范，其材质也是灰口铁，是我国考古发现的纯灰口铸铁最早的器件之一。

在炼钢技术方面，刘胜墓出土的钢剑和错金书刀，经检验，在材质上与战国晚期没有区别，仍为块炼渗碳钢，但出现了反复锻造改善均匀度提高钢材质量的新工艺。钢的共晶夹杂物尺寸普遍减小，数量减少，有的钢件非金属夹杂物很少，这是其特点之一；第二个特点是高碳层和低碳层之间碳含量差别减小，组织比较均匀；第三个特点是断面上高碳和低碳层的层次增多，层间厚度减薄。上述特点说明钢件是经过反复锻打的结果。由于反复折叠锻打，使高碳和低碳层的层次增多，非金属夹杂物尺寸减小，分层的厚度减薄；由

○ 二号墓出土的铁犁铧

○ 二号墓出土的铁锄内范

于反复加热锻打，碳的扩散较为充分，断面上的组织也较均匀。这正是向东汉时期出现的"百炼钢"逐步发展的实证。

刘胜墓中室出土的铁镞，多件经过科学检验，证明是由中碳钢制造的。组织均匀，质地纯净，夹杂物极少，仅见微量硅酸盐夹杂物，与块炼铁锻件有明显差别，可以确定是用生铁固体脱碳成钢的，它是我国考古发现的最早的固体脱碳钢。这种世界上最早利用生铁为原料的制钢方法，是钢铁技术发展史上的一个重要阶段，满城汉墓固体脱碳钢的发现使这种方法出现的年代提早到公元前2世纪末叶。

该墓还出土一种方铤球形铁镞，铤部包有比重很大的合金，这种合金经光谱分析，证明为铅基合金，含有大量的锡和极少的银。铅锡合金有较低的共晶温度，在工艺上便于浸包在铁镞的铁铤部分。包有这种比重大的铅锡合金可能是为了增加铁镞的重量，使有更好的杀伤效果。这种球形镞应是打猎时使用的箭镞。铁镞也有用低碳钢锻制的。箭镞是极易消耗的物品，满城汉墓的箭镞有用中碳钢和低碳钢制成的，说明当时钢铁生产已很普遍。

在热处理技术上，如对刀、剑采用了刃部局部淬火的新工艺，使刃部硬度高而锋利，而刀背和剑脊则保持韧性。在有色金属合金方面也有很大的成就，部分铜器、银器成分分析结果表明，当时对共晶结晶的合金（如银铜、铅锡等合金）了解得比较深入，已经掌握了成分与熔点之间的关系。

在满城汉墓的随葬品中，保存下来了一些研究中国医学史的珍

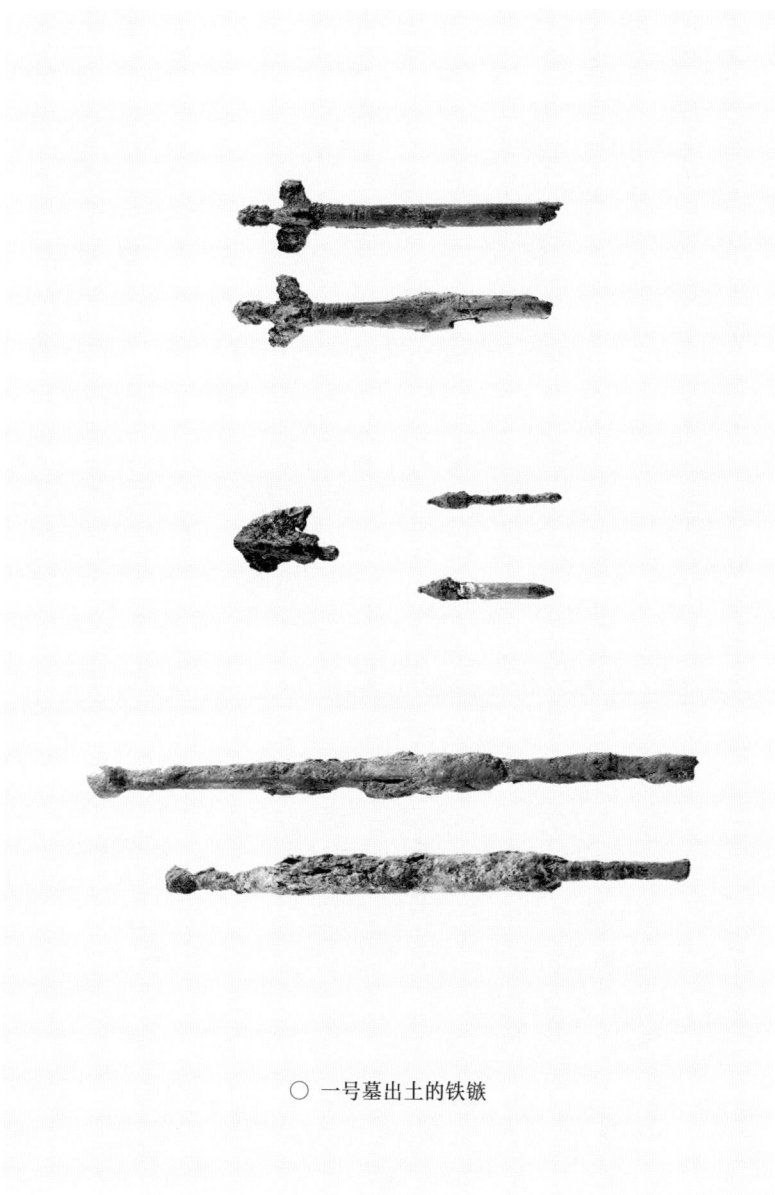

○ 一号墓出土的铁镞

贵资料，例如"医工"铜盆和金、银医针等。

"医工"铜盆出土于刘胜墓后室的侧室内。盆敞口折沿，直壁浅折腹，平底假圈足。盆高8.3厘米，口径27.6厘米，底径14厘米。盆的外壁距口缘3厘米处有一道水平线，线以上铜色较黄，线以下铜色较黑，但没有火灼的痕迹。盆上有两处经过修补，一处在口沿，另一处在底部边缘。修补处内外各置铜片，再用小铜钉铆合。可见这件铜盆使用的时间很长，用破后经过修补又重新使用，最后作为随葬品埋入墓内。盆上有三处刻铭文"医工"二字，两处在口沿，其中一处字迹很工整，另一处不甚工整；还有一处在盆的外壁，字迹较潦草。古时称医者为"医工"，《黄帝内经·素问》即有"医工诊之"的记载。《黄帝内经》是现存最早的中医理论经典著作，该书的基本内容写成于战国后期，由此可见"医工"一词在战国时期已经有之。《说文解字·酉部》也载："医，治病工也。"汉代继承先秦的习俗，也称医者为"医工"。《汉书·燕刺王旦传》记载："（刘）旦得书，以符玺属医工长。"颜师古注："医工长，王官之主医者也。"《续汉书·百官志》记载，王国属官有"医工长"，本注曰："主医药。"可见汉代诸侯王国主管医药事务的官吏称"医工长"，而"医工"则是一般医者的通称，这件刻有"医工"铭文的铜盆，应是中山国医者专用的医疗器具。

"医工"铜盆的具体用途是什么呢？研究医学史的学者认为，根据铜盆外壁距口缘3厘米以下部分的铜色较黑推断，很可能是隔水蒸药用的。又根据铜盆口沿和底部有两处经过修补的裂口推断，也可

○ "医工"铜盆   ○ "医工"铭文

能是由于长期在盆内用力揉和药粉，制作丸药而损坏的。除以上两点外，还可能有其他的医药用途。因为制药的器具不宜用于盛放食品，以免食品混入残药或沾上药味，所以铜盆刻有"医工"铭文以示区别是完全可以理解的。这件"医工"铜盆是目前发现的年代最早的自铭为医用的器具，在中国医学史的研究上有重要的价值。

金、银医针出土于刘胜墓中室，共九根，其中金针四根，银针五根。金针制作精致，保存完好。针细长，上端为针柄，断面作方形或扁方形，上有小圆孔；下部为针身，断面为圆形。银针都已残断，形状与金针基本相同。

这些金、银医针，经医学史专家研究，认为属于两千年前遗留下来的"九针"。记载有关"九针"的古文献，年代最早的是《黄帝内经》。在《内经》中，对"九针"的长短、形制和主症都有较详细的记载。医针的形制不同，功用也各不相同。金医针中有锋针一根、锃针一根、毫针两根，银医针中有一根可能是圆针。

金医针中的锋针，通长6.55厘米，针柄长2.65厘米，断面为扁方形，上端约三分之一处有圆形穿孔；针身长3.9厘米，断面为圆形，锋部长0.4厘米，作三棱形。锋针又称三棱针。《九针十二原》记载锋针的形制为"刃三隅"，《九针论》记其形制为"取法于絮针，筒其身，锋其末"。所说的形制与此针正合。至于锋针的功能，书中认为主要用于放血。

金医针中的锃针，通长6.9厘米，针柄长4.6厘米，上有一圆形穿孔；针身长2.3厘米，末端钝尖，形状与半段米粒相仿。锃针与中医外科五官科的传统用针形制相同。根据《九针十二原》记载，锃针的功能是"主按脉勿陷，以致其气"。可见锃针是作为点刺用的。

金医针中的毫针，有两根，通长6.6厘米，针柄长4.9厘米，上有一圆形穿孔；针身长1.7厘米，针柄的长度约为针身长度的三倍。针身愈至末端愈尖，针锋尖锐。毫针的用法和主症，根据《九针十二原》的记载是，"静以徐往，微以久留之而养，以取痛痹"。《九针论》载，毫针"主寒热痛痹在中者也"。《黄帝内经·灵枢·刺节真邪》记载："刺寒者用毫针也。"可见毫针的功用相当广泛，至今仍是最常用的医针。

银医针共五根，但都已残断，无法全部复原和辨认其类别。其中四根从残存的部分观察，形状与金医针相类似，但柄部断面为长方形。另一根上端已残失，残长5.4厘米。残存部分为细长的圆筒形，针尖钝圆。根据《九针论》记载，圆针的形制是"筒其身而卵

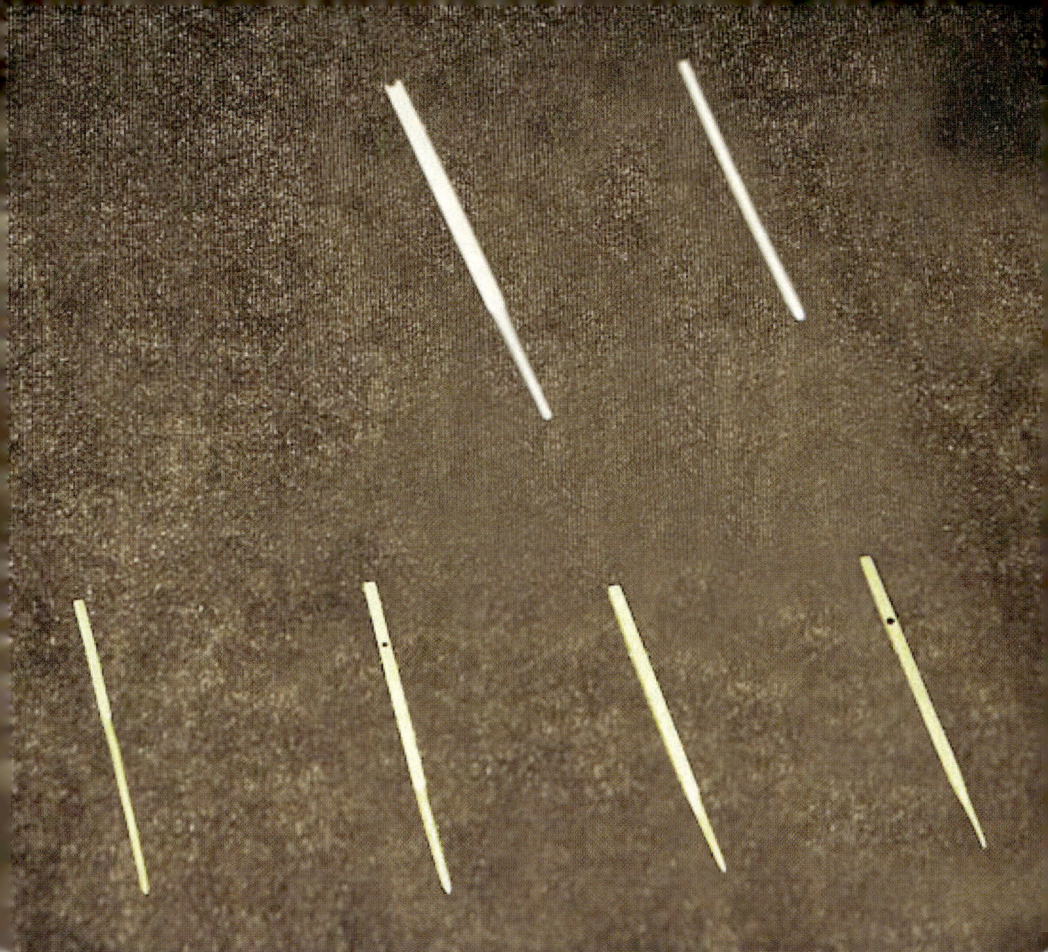

○ 一号墓出土的金、银医针

其锋"，与此银针的形状正合。所以这根银医针可能是九针中的圆针，是用于按压穴位的医针。

刘胜墓中室除出土金、银医针外，还发现一件带长流的银盒和两件银质小漏斗，可能是一套为假死病人灌药用的医疗器具。

刘胜墓出土的医疗器具，对研究中国医学史具有重要的意义。特别是四种金银医针的出土，充分反映了中国两千年前针刺医术的

○ 一号墓出土的银盒

○ 一号墓出土的铜漏壶

高超水平，是中国医学史上值得大书特书的重要发现。

此外，刘胜墓出土的铜漏壶是迄今发掘出土的有准确年代可考的最早的一件，这件铜漏壶作圆筒形，平底，下有三个蹄形足，壶身近底部有一流管，前端已残断。壶身和壶盖扣合紧严，壶盖上有固定的方形提梁，壶盖和提梁上有正好相对的长方形小孔各一个。中国科学院自然科学史研究所的学者曾对这件铜漏壶进行研究，认为它是我国迄今为止发现的最早的泄水型（沉箭式）漏壶；壶盖上的单层提梁，一方面是为了便于开启壶盖，更重要的是，它是使箭杆保持垂直状态，以保证读数精确度的设施；由于漏壶的容量很小（906 立方厘米），可能是用于计量较短时间的专用漏壶（陈美东：《试论西汉漏壶的若干问题》）。

这件铜漏壶是研究中国古代天文学发展的重要参考资料。

窦绾墓出土的错金铁尺以及两墓铜器铭文中关于高度、重量、容量的记载，则给研究汉代的度量衡制度增添了一批新资料。

满城一号汉墓（西汉中山靖王刘胜墓）和二号汉墓（王后窦绾墓），已于1988年1月经国务院批准，公布为全国重点文物保护单位。同时，当地政府也加强了保护工作，对部分墓室进行了必要的修复，并展出一些文物复制品。1991年5月3日，陵山脚下举行了满城汉墓开放剪彩仪式，满城这两座汉墓从此正式对外开放。

后记

　　满城汉墓营建于西汉武帝（刘彻）时期。汉代是中国历史上强大而繁荣的朝代，经过西汉初期六七十年的休养生息，到武帝在位时经济有了很大的发展，积累了大量的财富，给社会文化的迅速繁荣提供了良好的物质基础，从而进入西汉的鼎盛时期。满城汉墓出土的珍贵文物，正是当时社会经济文化繁荣发达的真实反映。

　　作为考古工作者，除做好田野发掘工作和及时编写发掘报告外，还应从事有关的考古学研究；同时还要从社会需求出发，做些学术普及的工作。在考古发掘报告的基础上，写出科学性和可读性兼备的考古普及读物，有助于读者通过出土的实物资料了解我国古代的物质文明和中华民族的优秀文化传统。这也是浙江文艺出版社编辑出版本书的主要目的。

　　本书在写作上力求简明扼要、通俗易懂，并配备较多的线图、照片，以利于增强对文物的感性认识。书中所用的照片，多数是中国社会科学院考古研究所姜言忠同志拍摄的。本书的责任编辑不仅在编辑出版中付出辛勤的劳动，而且在书稿撰写过程中，对书的内

容取舍、体例编写等方面，提出许多建设性的意见，对本书的顺利
脱稿起了重要的作用。在此一并表示感谢！

卢兆荫

2011年3月12日